跃层

【房地产中高层管理能力提升训练】

闵新闻

著

中华工商联合出版社

图书在版编目(CIP)数据

跃层：房地产中高层管理能力提升训练 / 闵新闻著.
-- 北京：中华工商联合出版社，2016.1
ISBN 978-7-5158-1601-2

Ⅰ.①跃… Ⅱ.①闵… Ⅲ.①房地产企业–企业管理
Ⅳ.①F293.3

中国版本图书馆CIP数据核字（2016）第 036062 号

跃层：房地产中高层管理能力提升训练

作　　者：	闵新闻
责任编辑：	胡小英　邵桃炜
封面设计：	周　源
责任审读：	郭敬梅
责任印制：	迈致红
出版发行：	中华工商联合出版社有限责任公司
印　　刷：	三河市宏盛印务有限公司
版　　次：	2016年3月第1版
印　　次：	2016年3月第1次印刷
开　　本：	710mm×1020mm　1/16
字　　数：	180千字
印　　张：	14.25
书　　号：	ISBN 978-7-5158-1601-2
定　　价：	42.00元

服务热线：010-58301130
销售热线：010-58302813
地址邮编：北京市西城区西环广场A座
　　　　　19-20层，100044
http://www.chgslcbs.cn
E-mail: cicap1202@sina.com(营销中心)
E-mail: gslzbs@sina.com(总编室)

工商联版图书

凡本社图书出现印装质量问题，请与印务部联系。

联系电话：010-58302915

中高层强则房企强

一般情况下，房地产企业都设有中高层职位，但其作用、影响力与公司的要求与期望相距甚远。为什么？因为有些中高层房企管理者为房企创造了效益，而另一些则相反。研究表明，房企管理者之间的积极互动直接影响着员工的工作满意度。房企管理者管理员工和项目的能力影响着整个部门和公司的生产力。

房地产企业为什么要设立中高层？房地产中高层应该重点发挥什么作用？房地产中高层应该如何定位自己的角色？房地产中高层应该具备什么素质和能力？房地产中高层应该重点抓好哪些工作？房地产中高层应该如何向管理要效益？……许多身在房地产中高层的房企管理者入职前几乎都没有认真去想这些问题，或者没有想清楚。因此，一些中高层房企管理者的人工费用长期被房企记在"成本"账上，或者被房地产企业当成"鸡肋"。

俗话说，"火车跑得快，全靠车头带"，"兵熊熊一个，将熊熊一窝"。房地产企业要健康、快速发展，实现自己的战略目标，或者在竞争中立于不败之地，永远比对手快一步、胜一筹，就必须坚持训练房地产中高层；而中高层房企管理者在训练中应该认真听，用心想，深刻悟，及时用。否则，他们管理下的房企就会在竞争中落伍，不称职的房企管理者也会遭到淘汰。

那么，如何才能成为一名卓越的房企管理者呢？第一，要明白自己扮演的角色；第二，要有全局意识；第三，要敢于担当；第四，要有危机意识；第五，要逐渐提升自我；第六，要懂得培养下属；第七，要懂得目标管理；第八，要做好管理和流程建设；第九，要懂得团队管理；第十，要懂得人才管理……凡此种种，无一不是房企高管需要具备的，也是本书中将要详尽阐述的。

在如今的商业世界中，不作为的房企管理者也许会无意识地做出很多伤害人心的事情，他们的某些行为和态度有时会导致客户减少、生产力低下、营业额增加缓慢，有时甚至还会引起法律诉讼。因此，房企的房企管理者一定要认真对待自己的岗位！

闵新闻

2015年12月

目 录
CONTENTS

第三章　责任胜于能力
——房地产中高层管理者的责任意识

第四章　"冬天"应该怎么过
——房地产中高层管理者的危机意识

第五章　给晋升找个"理由"
——房地产中高层管理者的自我提升意识

第六章　关注员工的未来
——房地产中高层管理者要有意培养下属

第七章　思路决定出路
——房地产中高层管理者的目标计划管理

第八章　没有规矩不成方圆
——房地产中高层管理者的制度和流程建设

第十二章　　向管理要效益
——房地产中高层管理者的十大管理机制

第一章

你是谁？

——房地产中高层管理者的角色认知

你是谁？在管理工作中，首先要问自己这样一个问题。在明确了答案之后，才能进行下一步的工作。在房企中，每个人扮演的角色都是不一样的，只有明确自己所扮演的角色，才能做好自己并完成自己的任务。

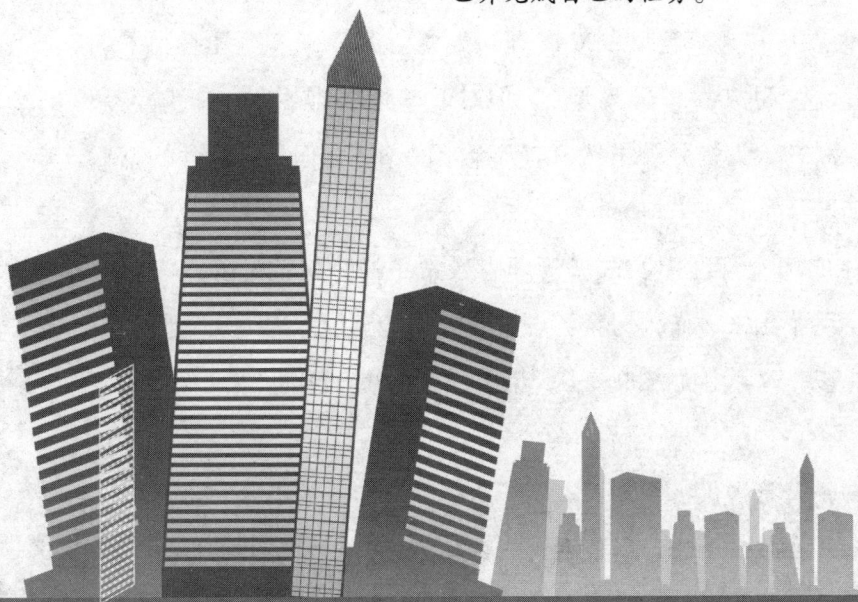

第一节 "房企管理者"的帽子你顶得住吗?

人是永恒的管理话题,也是永恒的管理难题。

1954年,德鲁克在其著作《管理的实践》中明确提出了"人力资源"这一概念。从"人事管理"发展到"人力资源",人类几乎用了200年的时间。这一进步过程虽然漫长,但对于人类的影响却不言而喻。"人事管理"和"人力资源"虽然只有几个字的不同,但各自蕴含的意思却相去甚远。

在现代化的房企管理中,很多管理者最常犯的错误就是陷入人事管理的泥沼中跳不出来。作为房企管理者,如果能够很好地运用这些资源,就一定能够"管"出优秀的员工,带出一支十分出色的队伍。

南宋时期,大将张俊很会带兵。有一次,他在后花园散步,无意中看到一个士兵正在呼呼大睡。张俊看到士兵偷懒,心中顿时升起一股无名之火。他正要发脾气,转念一想却又觉得有些不妥:眼下天下太平,军营兵士无所事事不足为怪,没有战争,本应上战场的兵士能怎么办?他们难道不也是一种资源?

这种想法让张俊怦然心动，他叫醒了士兵，问："睡觉就这么好吗？为什么你喜欢睡觉？"

士兵看清问话者是张俊，立即恭恭敬敬地起身回答："大人，不是小人喜欢睡觉，而是眼下真的无事可做。我实在不知道自己该做些什么，就只好以睡觉打发时间。"

张俊心中一动，问："那你能做什么事情呢？"士兵回答说："小人在当兵前什么都做过，什么事情也都会做。不过，我最擅长的是经商，当兵前做过很长一段时间的生意，后来遭遇劫匪才不得不弃商从军。"

张俊虽然对经商之道完全不懂，却也知道经商赚钱很快。于是，问士兵："按照你的经验，做一笔大生意，需要投入多少资金？"士兵回答说："无本难求利，小本求小利，大本求大利。小人只能这样回答。大人如果只是为了一家老小的开销，那么一万两就足够了；可是，如果想要为军队充实军饷，那么投入的钱越多越好。"

士兵的回答，让张俊动心了。他想：虽然目前国家太平，但仍然有必要为国家节省军费开支。为什么不让这位有经验的士兵带人经商，为军队筹集军饷呢？这样不仅可以减轻国家财政支出，也能够不浪费人才。

想到这些，张俊立即拍板决定，出人出钱支持这位士兵经商。

得到张俊的支持后，士兵如鱼得水，生意越做越大，为军队筹集了不少军饷，立下了很大的功劳。

士兵的作用是什么？按照传统的观念来界定，士兵的作用就是打仗。如果张俊以这种观念来带兵，那么除了打仗，士兵将不会有什么作用。这样，就会出现很多"闲置"士兵。他们无所事事，只能浪费粮食和军费。按照这种观念，人力就会变成成本，而且是一种极度浪费的成本。可是，如果转变观念，这种很浪费的"成本"就会变成很有用的"资源"。

任何一个贡献人力的人其实都是一座潜能无限的火山。对现代房地产企业来说，业绩不再单纯取决于人员的数量，而是更多地依赖于知识工作者的生产效率。

管理者的最大任务就是照顾好员工的头脑和心灵，照顾好他们所愿意关注的事情，最大限度地挖掘和利用他们的潜能。如此，才是提高业绩的最聪明的做法。所谓管理，不仅要"管"还要"理"，就像汽车一样，不能等到车子有了毛病才去修理。只有注重保养，车子才不会在关键的时候出问题。如果只"管"也好办，只要制定一些规章制度，让其执行就行了；而"理"就要把制度人性化、措施感性化，不仅要让工作人员能听从指挥，还要让工作人员时刻保持良好的工作态度。

中高层管理者除了与下属并肩作战外，还肩负着培养员工、发展下属的重任。具体来说，应该扮演好以下角色：

1. 教育者

中高层管理者是房企文化的宣传视窗，上情下达更是房企管理者的例行工作。快乐会传染他人，消极更具传染性，所以房企管理者要特别注意自己的每一句话、每一个行为；要以正确的舆论导向教育下属，让下属建立起积极的心态和正确的价值观，认真负责并敬业乐业，这是房企管理者的教育角色。

2. 培训师

如果想让下属将工作做好，就要为他们创造条件，让他们具备做好工作的能力。用而不教并不是一个及格的管理者，不能经验共享，不能技能互补，团队便不是理想的团队。

"木桶理论"告诉我们，只有提高全员素质和整体技能，才能提高整体业绩。所以，对房企管理者而言，对员工实施培训是一项不可推卸的责任。

3. 扶持者

在任何企业中，即使对下属进行充分的培训，也并不能保证他们能将工作做好。也许他们还不能将理解的东西转化为能力，甚至不能学以致用。经验证明，最影响培训效果的人不是学员，也不是培训师，而是学员的上级。

管理者要及时给予下属支持或扶持，给下属提供资源、创造条件，给他们实践的机会，让他有发展的空间。

4. 教练员

管理者也是教练员，要根据个别下属的特点分别制定指导方案；根据团队目标和个人特点安排各人的位置、角色。只有合理分工，才不会浪费人才；人尽其才，方能产生最大效益。合格的教练员必须具备丰富的实践经验及深厚的理论基础，只有比队员站得更高、看得更远，才能运用自如地调兵遣将。

第二节　房地产中高层管理者的使命：做个解决问题的能手

房企设置管理岗位，一个重要的原因就是要解决问题。如果你占据着管理岗位，却不帮助企业解决问题，迟早会被降职或淘汰，高效的房企管理者必须是解决问题的能手。

三国时期有个将领叫王平，跟随杜濩、朴胡来到洛阳，做了一名代理校尉，成为曹操阵营里的一名低级军官。王平在追随曹操参加汉中战役的时候受到上司徐晃的排挤，结果在此战中投降了刘备。刘备委任他为牙门将、裨将军。

延熙七年（244）春，魏国大将军曹爽带领步骑十多万人向汉川进发，先锋部队到达骆谷。这时，汉中的守军还不够三万人。用近三万的兵力抵抗对方十多万人，兵力对比悬殊。蜀汉的守军将领都感到很害怕，有个将军说："现在，咱们的兵力不足以抗拒魏军，应该放弃关隘固守汉城与乐城，如果敌军进入，我们就可以向涪城寻求帮助了。"

王平说："不行，汉中离涪城有上千里，如果魏军攻占这一关口，会给我国带来巨大的祸患。今天，应该派遣刘护军、杜参军占据兴势山，我留在后面抵抗敌人。如果魏军分兵进攻黄金城，我会率领千人军队与他们决战，同时等涪城军队来救援，这才是上策。"

下属的意思是放弃关隘坚守汉、乐两城，等涪城军队来救；而王平的意思是主动出击，牵制敌军，等援军一到，一起歼灭敌军。结果，这次军事会议只有护军刘敏的想法与王平一致。可是，即使这样，王平依然施行自己的计划。果然，涪城的援救军队、大将军费祎的军队都相继而至，救了王平。魏军觉得不妙，只好退军。这些结果正如王平的料想。

房企的高级管理者应该从王平的成功人生总结如下经验：房企管理者要具备分析问题与解决问题的能力，要成为解决问题的高手。

分析问题与解决问题的能力是作为一名管理者必须具备的能力。缺少这种能力，就不能成为合格的房企管理者。房企在经营过程中会碰到或者产生各种各样的问题，需要标本兼治地解决好。

面对复杂的事情，管理者必须能够看出其中的问题，分析复杂的情况，选择适宜的方案，妥善解决所遇到的问题；同时，还要审视内外部环境，用合理的程序确定影响机遇的因素。更重要的是对市场与消费者需求进行分析，用优质的产品与服务来满足消费者需求。

分析问题与解决问题是房企管理者的必修课。房企管理者很重要的一项能力就是分析、思考和解决问题的能力，它决定了自身甚至整个团队的工作成效。中高层管理者要培养自己缜密而系统化的思维，帮助自己更好地解决工作中遇到的问题。

1. 发现和陈述问题

事实证明，问题发现得越早，损失就越小。培养问题意识有利于培养认真严谨的工作态度；发现问题之后，准确地陈述和报告能让问题得到有效重视。房企管理者要学会利用工具和图示科学分解问题，将工作逻辑与流程层层理顺。

2. 找到问题的根源

找到问题的根源，有助于房企管理者从根本上解决问题并提高工作效率。要通过有效的提问和分析列举问题诱发因素，进而找到问题发生的真正原因。

3. 有效预防问题的发生

最好是让问题尽量不发生，因此有效的预防是非常重要的。房企管理者要学会借助分析工具，分析和列举各种潜在因素，防患于未然。

4. 将解决方案列出来

一系列的分析工作、学习和借鉴他人经验，再加上集体的智慧，有助于房企管理者创造性地解决问题。因此，最好将解决方案一一列在纸上。

5. 对方案进行科学决策

越是复杂重要的问题，越要注意决策的科学性和合理性。可以遵循这样的步骤：设定决策目标、决策标准和决策方式，比较备选方案，进行全面分析，最后做出决策。

6. 制订完备的实施计划

要制订完备的实施计划，如方案实施步骤和流程。对成果的评估及分析、风险的应对策略……实施计划详尽完备，才能保证方案的成功实施。

7. 巩固所取得的成果

当问题得到解决后，中高层管理者最后要做的就是将过程中取得的成果固化，建立流程示意图并以此作为指导，将成果标准化、制度化，最后在企业内部推广、固化。

第三节 房地产中高层管理者的"三承三启"

⊙ 承上启下

房企管理者不仅是上传下达,更重要的是要把上级的指令和精神落实到实践中。盖洛普公司的马库斯·白金汉在《首先,打破一切常规》一书中认为,很多员工之所以要离开公司,不是因为公司方面造成的,而是直接领导的原因。这也说明了中高层房企管理者在房企中地位的重要性。

不同层次不同岗位的房企管理者,在组织运行中扮演着不同角色。

一位在房企工作的老朋友来访,谈起工作和近况时透露出他现在心理压力比较大,说话时有点唉声叹气。我对他比较了解,这人平时工作勤勤恳恳,任劳任怨,一直是企业的骨干和中层房企管理者。他工作认真负责,敢于承担责任。缺点就是太较真,事无巨细什么事都爱管,工作干了,事也做了,但是经常惹老板和下面的人都不满意,总得不到好结果,为此使自己产生了很多的心理压力。

他和我谈起现在工作中的种种压力时说:"每天我都要加班,晚了还要把工作带回家处理,甚至做梦都是公司的事情。面对老板总怕被责备,面对下属员工和客户总想着如何处理好各种关系,每天都是昏昏沉沉,一点乐趣也没有。"

我问他,造成压力的最大原因是什么?他思考了一下,认为一共有两个方面的原因：首先，作为人事主管，他不能确定明天会发生什么事，不能确定明天将要面对的是什么样的人。特别是员工流失特别快，听话的员工又缺乏创造力，而那些调皮捣蛋的员工又特别难管。其次，不确定自己的分内工作是否能做好，做对了又不确定老总是否满意。他觉得，自己与老板和员工之间的沟通有问题，但他又很热爱公司和目前的工作。

面对他提出的两个问题，我首先帮助他分析自己在工作中定位问题，给他总结了这样几点：定位不准；过分较真；学会为自己减压，放下一些心里包袱。

房企管理者是公司承上启下、承前启后的中坚力量，是公司的栋梁，既是领导又是骨干，兼有管理者与下属的双重身份。房企管理者除了具有管理职责、岗位职责以外，还起到职工与公司决策者间上传下达的作用，如果管理者不能发挥其应有的作用，则会对公司的管理和决策的贯彻带来很大的阻碍。

作为管理者，上有领导下有职工，一定要正确地对待领导、下属和自己三者间的关系。具体来说，就是要敬以向上，宽以对下，严以律己。

敬以向上，就是要尊敬自己的领导，但不是阿谀奉承、溜须拍马，而是要敢于沟通，勇于承担责任。

宽以对下，就是要对自己的下属宽容，调动大家积极性；但不是听之任之、放任自流。

严以律己，就是对自己要求严格，要用真情感动下属，用实力征服下属，用行动带动下属，用坚持赢得下属，这样，在任何环境中我们都会是一个优秀的管理者。

⊙ 承前启后

房企就像军队——铁打的营盘流水的兵,随着市场的发展,中高层管理人队伍的新陈代谢是非常重要的。管理者应该充分吸收前任的经验,在工作中提高自己的能力。同时在工作中创造个性化的管理经验,留下可供继承者学习的内容,让自己在房企发展的过程中留下辉煌的记录。千万不要为蝇头小利而故步自封,杀鸡取卵,要为继任者工作的开展着想。

有一对夫妇生活很贫困,家中有一只老母鸡。有一天,这只老母鸡突然下了一只金蛋,而且以后每天下一只。这对夫妇从此过上了富裕的日子。

可是,他们认为母鸡下蛋太慢了,既然这只鸡每天都能下一只金蛋,那么肚里肯定有好多的金子,不如把它杀掉,从肚里把所有的金子取出来。于是,他们杀了这只鸡,可剖开肚子一看,哪里有金子啊!

这就是著名的"杀鸡取卵"的故事!这对夫妇的想法是愚蠢的,他们的价值观是错误的,没有搞清楚金蛋的价值是怎样产生的,产生了错误的想法,造成了无法弥补的损失。这则寓言给我们以下启示:

1. 用人不在取,而在育

在上面的寓言中,假如这对夫妇能够很好地利用这只鸡,给它喂最好的饲料,可能这只鸡一天会下两个或更多的金蛋。

可是,如今很多房企在用人上重复着这对夫妇的错误,他们希望人才从入职开始就能贡献出全部力量，甚至是无所不能，为企业创造出巨大的价值。其实，这是不可能的，也是不现实的。在这方面，中高层房企管理者需要做如下工作：

一是培养下属，提升下属的技能。这是一种比金钱更为贵重的激励，是一个房企能够保证可持续性发展的必要手段。只有员工技能不断提升，才能不断地胜任更高难度的工作，才能为房企创造出更多更大的价值。

二是创造一个良性发展的环境。环境对于一个人的发展起着举足轻重的作用。这里所说的环境包括物质、鼓励和人员配备等。只有建立起良好的环境，员工的培养才能真正落实。

2. 一叶障目，不见泰山

在寓言故事中，假如这对夫妇能够懂得这只鸡只是金蛋的载体，没有鸡就没有蛋，就不会出现这么巨大的损失了。

房企管理者的决策是否正确直接关系到一个项目的成败，甚至是整个房企的成败。俗语说："眼光要看到整个森林，不要盯在一棵棵小树上。"也就是说，看问题时要从长远、全局着眼，切莫被眼前的小利迷惑而忽视了更为重要的东西。

房企管理在战略上要从大处着手，战术上要从细节上下功夫。中高层管理者只有思维开阔，视野保持居高临下，才能做到胸有成竹，在部署战术时才能做到有的放矢。

⊙ 承点启面

承点启面是一种平面思维，以点带面，以部分带动全体。房企中高层管理者千万不要目无大局，不与其他部门沟通和协调。一项制度的出台或一个项目的完成经常牵扯多个部门间的利害关系，那么各部门管理者应如何妥善地协调相互之间的关系呢？

1. 自问问题，准备充分

自问自答以下几个问题能助你头脑清晰："你希望对方帮你做什么事？""他会要求你做什么？""如果对方不同意你的意见有无其他方案？""如果我是他，我会接受这种做法吗？"

2. 平时了解，语言共鸣

平时吃吃饭、聊聊天，熟悉合作部门中的一两个同事，多听他们交流、请教日常术语，很容易就能明白他们在说什么，为什么这么说。

3. 诚为上策，避免欺骗

互信会让双方在沟通时打开心扉，会明白地说出自己的需求与考虑，并且提高合作意愿，共同解决问题。

4. 不怕冲突，捍卫权益

沟通中太过和谐凸显不了你对议题的重视，问题也不会获得真正的解决。记住，你是企业的中高层管理者，保持和维护企业利益很重要。

5. 强调议题，事实说话

用事实说话可以创造一种强调议题而非人身攻击的氛围。包括目前的销量、占有率、研发经费、竞争对手的行为等，摆这些事实可以将沟通中"人"的因素降到最低。

6. 多种方案，具有弹性

多种方案能让选择不再"非黑即白"，这样房企管理者能有较大的弹性调整自己的支持度，也可以轻易变换立场而不会有失颜面，用备选方案可降低沟通时的人际冲突。

7. 确认目标，共同努力

尽量创造一个横跨各部门的共同目标，然后一起努力。当不同部门的团队成员朝着共同目标努力时，就会把个人成败置之度外，更能理解他人的意见。

第四节　房地产中高层管理者的"八宗罪"

⊙ 之一：缺乏主见

众所周知，人云亦云的判断会造成很多误解和麻烦。房企中高层管理者更应注意这一点。比如在日常的领导工作中，我们经常会听到人们对于他人某些思想和行动的看法，如果管理者本身没有主见，那么这些看法就会影响房企管理者的判断。

一家房企的经理对刚上岗的新文员说："你整理一下今年九月以前的活动，然后写一个活动总结，这样你就可以尽快进入状态了。不急，'十一'前完成就行。"

新人正在整理和学习活动内容时，一个文员老苏说："我刚来的时候就能写了。"新人说："我没有参加过这些活动，所以必须查阅活动资料，了解活动内容和目的，才能着手写。"

老苏又说："我一来就能写，我也没亲自参加活动。"主管一听就对新人说："你有不明白的就问问老苏。"

新人查看完资料，正在写的时候，老苏又抱怨说："我刚来时就给我一大堆要写的材料,也没给我了解的时间,来了就得能写。"主管马上又对新人说:"你别自己在那里死抠,不明白就问问老苏,让老苏帮你看看。"

新人无法再写下去了,索性把提纲和要点给老苏看。

后来发生的事情就可想而知了。

假如你是新人还想再写吗?肯定不会了。因为经理分不清对错。如果经理这样说:"她要了解清楚再写,这是她的方法。你们两个各有所长,没有可比性。"那么,新老员工肯定心里都会平衡了。

其实,每个人心里都明白,不了解活动内容和目的,就是神仙也是无法靠猜测写出总结来的。老员工之所以那么说,并不是她不明白这个道理,而是想引起主管和同事们对她的重视,以此向经理和同事证明自己比新人强。作为经理,应该听出这背后的意思来,然后加以及时安抚和正面引导。管理者一定要有主见,千万不能人云亦云。

1981年,当45岁的杰克·韦尔奇执掌GE时,这家已经有117年历史的公司有350个经营单位和8个管理层,市场价值在全美的上市公司中排名第十。

就任后的韦尔奇砍掉了通用25%的房企,卖掉了价值近100亿美元的资产,削减了十多万个岗位,将350个经营单位裁减合并成13个主要的业务部门,将原来8个层次的管理层减到四个层次甚至三个层次,他因此得了个绰号:"中子弹杰克"。

然而,在杰克大砍大削的同时,从1981年到2001年,GE的股票市值从120亿美元上升到1700亿美元。从1998年开始,GE连续被《金融时报》评为"世界最受尊敬的公司"，市场价值排到了世界的第二位。

韦尔奇有一个特殊的习惯：喜欢向几乎所有的员工——包括小时工在内——发出手写的便条，用以布置任务，鼓励和鞭策员工。

一位未来管理学家指出："未来的竞争是管理的竞争，而竞争的焦点在于每个组织内部成员之间、与外部组织之间的有效沟通上。"可见，管理者与被管理者之间的有效沟通是管理艺术的精髓。

⊙ 之二：事必躬亲

诸葛亮是我国古代杰出的军事家、思想家。一生文韬武略，料事如神。可惜，27岁才登上政治舞台，54岁就撒手人间，没有完成辅佐蜀汉"北伐曹魏，统一中原"的宿愿，给后人留下了"出师未捷身先死，长使英雄泪满襟"的千古遗憾。

诸葛亮对天文地理、政治军事、农业技术、水利设施，对所有知识，都如饥似渴、不遗余力地探索研究，熟练掌握，就连山区运送粮食这样的小事他都劳心费神地去实地调查研究，并亲手研制了省时省力的运输工具"木牛流马"。正是这种一包再包的管理方式，使得这位满腹经纶志在天下的旷世奇才过早地英年早逝。

不可否认，诸葛亮的这种鞠躬尽瘁的忘我精神是绝对值得颂扬的。但他的这种事无巨细、越俎代庖的管理方式不可取。这种管理方式很容易系一方安危于一人，一人崩溃全盘皆输。司马懿抓住了诸葛亮总有一天会积劳成疾的这一软肋，双方对阵时，宁可慢拖，也不快攻。即使诸葛亮说他对阵不发是"女人行事"，他依然按兵不动，以此来消耗诸葛亮的身心。

司马懿心里明白，只要拖垮诸葛亮一个人，就能轻而易举地大获全胜，水到渠成地实现"不战而屈人之兵"目的。为此，司马懿还专门派人打探诸葛亮的身体状况。当得知"丞相夙兴夜寐，罚二十以上皆亲览焉，所啖之食，日不过数升"时，司马懿得意地断言："孔明食少事烦，其能久乎？"果不出司马懿所料，诸葛亮不久就大病一场，实现了他"鞠躬尽瘁、死而后已"的人生诺言。自此，蜀汉雄威每况愈下，并迅速走向衰败。

如今，在房地产企业，像诸葛亮一样的管理者还为数不少，有的甚至比诸葛亮还诸葛亮。鸡毛蒜皮一把抓，轻重缓急一篮挎，结果把自己累得晕头转向，效率微乎其微。整个运转系统演变成一人演戏众人看，根本形不成分级管理、简政放权的运行机制。

"事必躬亲"或追求"尽善尽美"，唯恐企业出现这样那样的问题而终日处心积虑，管理者越是这样，企业往往越是四处冒烟，不是今天这儿有事，就是明天那儿又出了点麻烦。

或许有人认为这样的做法更有利于管理者深入实际，其实不然。深入实际与工作上的职责分明各司其职，不能混为一谈。在这方面古人早有先见，就连诸葛亮本人也曾哭着说："吾非不知，但受先帝托孤之重，唯恐他人不似我尽心也。"由此看来，事必躬亲者也知道自己这种管理方式不高明，但是不这样做，对别人又不放心，其弊端可想而知。

1. 分级管理，不要越级插手问事

当企业发展到一定规模后就要进行必要的分级管理，一竿子插到底是"出力不讨好"的事。管理者要在明确责任和奖罚的基础上，让下属有职有权。即使碰到问题，只要不是事关房企大局的问题，也要让所属

部门自己去处理和解决。

这样，管理者就可以从管理几百人、几千人甚至几万人的沉重负担中解放出来，只要管理几个人就能维持房企的正常运转。而且，更容易充分调动下属的积极性、创造性、主观能动性和高度责任感。同时，管理者还有更多的时间来研究房企的发展方向或重大决策。

2. 多想、多看，少说、少干

这是高明的房企管理者必须掌握的原则。只有站在一旁观看，才能真正"旁观者清"，且避免"当局者迷"，才能更公正、更有效地判断是非曲直，才能真正看清哪些事情是房企应该坚持的、哪些事情是需要改进的。

即使一件事管理者自己比下属干得还要好，也不要事事都亲自去干，必要时只要给他们示范一下即可。就像演戏一样，如果管理者在台上又唱又跳，职员在台下指手划脚地挑手病，就有点"本末倒置"了。

3. 大事聪明，小事糊涂

作为一个房企的管理者，首先要分清什么是企业的大事，什么是无关紧要的小事。凡是关系到企业发展和生死存亡的大事，一定要慎重对待，决不可等闲事之。而大事往往不是每天都发生的。

对于那些鸡毛蒜皮的小事，要让下属部门按照分工自己去解决，不要使管理者陷于繁琐的事务之中而不能自拔。

4. 豁达大度，不斤斤计较

为了应对复杂多变的商业环境，房企管理者要培养自己一种处变不惊的素质。即使企业陷入困境，也要有一种"大不了再上井冈山"的气魄。

对下属既要严格要求，又要适当容忍。不要听风就是雨，也不要时时盘查，事事追究。必要的时候要睁只眼、闭只眼，看见全当没看见。只要不影响企业的重大利益，对一些事情不必去兴师动众地深查深究。

如果管理者没有容人之量，是很难形成一个"团结战斗"的集体的，也很难调动一切可以调动的积极因素。

5. 不要头痛医头，脚痛医脚

管理制度在颁布之前一定要慎之又慎，颁布之后不要朝令夕改，即使出现一些这样那样的问题也不必手忙脚乱。有些问题可能会越问越麻烦，随着时间的推移不少问题会自行消失和解决。有时，你越想管得滴水不漏，反而会越乱。很多时候都是有心栽花花不成，无心插柳柳成阴。

6. 不要事事追求完美

很多房企管理者想把自己管理的企业办成一个非常完美的企业，其实这是不可能的。要知道，世界上的万事万物，完美都是相对的而不是绝对的。过分的完美无缺，往往就要走向事物的反面了。

⊙ 之三：狂妄自大

美国思科系统公司总裁钱伯斯在答记者问时，声称自己对公司业务、销售、管理方面的知识一窍不通，这些工作分别由业务经理、销售经理和副总裁具体负责，自己只是干一些诸如去幼儿园给单身的业务经理接孩子、有时去药店给销售经理买胃药、给公司员工准备生日蛋糕、给加班的副总裁煮夜宵之类的工作。

钱伯斯的这些话也许过于自谦，不认真听的人还会以为这个总裁不务正业，所做琐事简直就是一个勤杂人员所为。但细细一想，钱伯斯的"勤杂工"做法里却蕴含着高明和智慧。

钱伯斯坦言自己就是一个勤杂工。他说："我可以不懂公司里的任何事情，但我不能不懂得如何照顾我的属下、我的员工。作为公司总裁，只要做好了勤杂工，成功就非我莫属！"

钱伯斯的管理之道值得房企中高层管理者学习和借鉴的。有些管理者一旦走上领导岗位就认为自己非常了不起，从不考虑成员的分工和部下的能力，处处发号施令，似乎少了他地球就转不动了。

其实，这些人应该冷静地思考一下，在自己没有当领导的时候，这个部门不是治理得好好的吗？为什么一轮到你当领导了，员工就离不开你了呢？有些人手中有了权力之后，一下子就把自己当成了百事通，什么都懂，什么都会，时时事事都想指手画脚，不敢放权，也不会授权。其实，这么做，是大权独揽。孰不知，这么做只会把副手和员工的积极性、主动性以及聪明智慧都给埋没了。

一个人再怎么能干也不可能无所不知、无所不晓、无所不会，如果有人夸你无所不能，那肯定是在恭维你，或者恭维的同时对你有所图谋、有所利用。如果你相信了，要么你已经被恭维得晕了头，或者干脆你已经变成了傻子。独揽大权，以为自己无所不能只会让你顾此失彼、适得其反。

钱伯斯深谙管理之道，他的管理艺术就是把人放在了第一位，把尊重、关心下属与员工作为自己的首要任务，而把具体的工作分别交给了业务经理、销售经理、副总裁们，让他们各司其职，各负其责。这是名副其实的"以人为本"。

"接孩子""买胃药""准备生日蛋糕""煮夜宵"等都是一些寻常小事，任何人都可以去完成，根本不用劳烦总裁大驾。但钱伯斯并不这么认为，他认为这些小事直接影响着总裁跟下属和员工的关系，直接

影响着员工对企业的感情，直接影响着员工是否对企业凝心聚力，直接
影响着员工对企业的忠诚度。

如果在一个企业里，从副总到中层干部，再到普通员工，每个人
都忠诚于企业，都把自己的聪明才智贡献给企业，都把企业当成自己的
家，一心一意为企业着想，企业不兴旺都难。

员工的后顾之忧没有解决好，他的心思就不可能百分百放在工作
上，他会或多或少地分出一些时间、精力或者感情去应付那些后顾之
忧，这样就会或多或少地影响到工作。钱伯斯的高明之处就在于，他用
自己一个人的成本解决了所有员工的思想和生活方面的问题，使整个团
队形成了九牛爬坡、各个出力的良好局面。

自我感觉良好的领导们即便真是小有作为、业绩斐然，也要谨慎。
要虚怀若谷，要大智若愚，千万别把自己当回事。

⊙ 之四：心胸狭窄

合格的房企管理者一般都心胸开阔，处世大度，善于与不同见解的
人和平相处，遇事不惊，能积极稳妥地完成各项任务。而心胸狭窄者一
般都喜欢钻牛角尖、处处计较，无理辩三分，有理不饶人，这样做不可
能成为合格的房企管理者。

春秋战国时期，楚国平定叛乱后，楚庄王非常高兴，决定大宴群
臣，宠姬嫔妃也出席助兴。席间丝竹绕耳、美酒佳肴，众嫔妃轻歌曼
舞，大臣们推杯换盏，觥筹交错，天黑了依然没有尽兴。楚王命人点烛
夜宴，还特别叫最宠爱的两位美人许姬和麦姬轮流向文臣武将敬酒。

这时，一阵疾风吹过，蜡烛都灭了。一位官员趁机拉住了许姬的

手，许姬扯断衣袖才得以挣脱，并机智地扯下了那人帽子上的缨带。许姬到楚庄王面前告状，并要求楚王点亮蜡烛后查看众人的帽缨，找出刚才无礼之人。

楚庄王听完，不但没有传令点燃蜡烛，反而大声说："寡人今日设宴，诸位大臣务必尽欢而散。为了更加尽兴饮酒，现请诸位都去掉帽缨。"听楚庄王这样说，群臣全都把自己的盔缨摘掉。如此，蜡烛点燃时，就无法找出是谁对许姬动手动脚了。

君臣尽兴而散，席散回宫，许姬怪楚庄王不给她出气。楚庄王说："此次君臣宴饮，旨在狂欢尽兴，融洽君臣关系。酒后失态乃人之常情，若要究其责任，岂不大煞风景？"

七年后，晋军兴师伐楚。楚庄王阵前落马，危急之中，一名战将主动率领部下先行开路。这员战将所到之处拼力死战，大败敌军，一直杀到郑国国都之前。

战后，楚庄王论功行赏，才知这个人叫唐狡。他表示不要赏赐，坦然承认七年前宴会上无礼之人就是自己，今日此举全为报七年前不究之恩。

楚庄王在处理许姬受辱的事情上，体现出了一代王者的宽广胸怀。因为他平时能容人，所以臣下才能真诚为他效力，在战场上不怕牺牲，为他冲锋陷阵。在管理中，上级与下级之间发生矛盾和冲突是在所难免的，下级触犯上级的情况也时有发生。遇到这种情况，管理者应以豁达的态度泰然处之，不能耿耿于怀，更不能蓄意报复。

"宰相肚里能撑船"是对领导人必须具有宽容品质的经验总结。一个人不管多么高明，缺点错误总是在所难免的。只要员工抱着一种积极、认真、负责的态度去做，哪怕出现一些差错，管理者也应以一种宽容之心去处理，不能"一棒子打死"，要和员工共同分析原因，查找不足，总结经验教训，避免类似问题重复出现。

⊙ 之五：推过揽功

成不揽功是境界，是大智慧的体现，而败不推过则是一个人责任感的体现。在工作中，推诿责任比好大喜功的人更让人心生厌恶。

古时候有两个放羊的小孩，一个姓臧一个姓谷，他们一起赶着羊出去放牧，结果他们的羊都丢了。

主人先问臧姓小孩为什么把羊丢了。他说，他带了书去放羊，因为看书入了迷，所以羊跑了没发现。

主人又问谷姓小孩干什么去了，他说，他去玩掷骰子了，玩着玩着，就把放羊的事忘了。

这两个孩子都失职，一个为了读书，一个为了贪玩。虽然事情的性质不同，但他们的错误却是一样的，都不专心于自己的本职工作。造成的结果也一样，他们的羊都丢了。

大多数人在谈到这个寓言的时候，总是称赞那个姓臧的小孩，而将姓谷的小孩作为教育的反面例子。因为臧姓小孩热爱学习，太专心以至于丢了羊；而谷姓小孩却是因为贪玩而丢了羊。但是，作为一个团队来说，失败就是失败。成不揽功，败不推过，不找借口，才是有担当的表现。

李明是一家房地产公司的主管，他善于听取下属的意见，经常说这样的话："这看法不错，你把它写下来，这星期内提出来给我。"下属听了这话很高兴，踊跃地做着各种企划，争着提意见。其中，大部分也为李明采用了。然而，每一次公布考核结果时，一切成绩却都归功于李明一人。一年后，部属就都叛离了李明。

李明感到很迷惑，不了解下属叛离的原因，心想："是他们的构想枯竭了吗？那么，换些新人进来吧！"于是，和其他部门交涉，调换了几个新人。

新人一来，李明就向他们提出一个要求："我们营销部传统上是要发挥分工合作的精神，希望大家能够同心协力，提高营销部的业绩。"然而，并无人加以理会，因为这些新人已经从老员工那里了解到李明的为人，他们想：营销部的功绩最后都归于你一个人，你老是抢别人的功劳，一个人讨好上司，我们才不要跟你同心协力呢。

将部门内的成绩完全归功于自己，是很多中高层管理者容易犯的毛病。要知道，任何工作绝不可能始终靠一个人去完成，即使是一些微不足道的协助，也要表现出由衷的感激，绝不可抹杀部属的努力。作为一个管理者，这是绝对要牢记的！

一个让下属信任并甘心追随的管理者既不会独占功劳，也不会诿过于下属。他们在下属的心里就像一棵可以乘凉的大树，是他们真正可以依靠的靠山。

杰克·韦尔奇说过："成功者不是某个人坐在马上指挥他的部队，而是通过别人的成功来获得自己的成功。"懂得了这点，就不会霸道地把成功的光环全归为己有。如果总是很"聪明"地把功劳都说成是自己的，只能变成孤家寡人。

⊙ 之六：不会处理与异性下属的关系

有句俗话说：男女搭配，干活不累。很多男上司喜欢找女下属作为自己的工作搭档，特别是美女下属，上班时可以赏心悦目。但是，女下属多了也有一些麻烦。有人感性，有点委屈就掉眼泪；若是对这个女下属关照多了点，其他女下属又会斤斤计较，还会有八卦传闻。

虽然一些"作"的女下属令管理者很头疼，但她们并不是"灭绝师太"，跟女下属相处的尺度，关键看男上司自己。女职员特别容易付出情感，在感情上的投入，有时甚至超越了金钱的层面。而男性对物质、效益的追求会更加高一点，不会考虑太多的情感因素。因此，男上司对每个女下属的态度应该是统一的，特别在公事的处理上不应该带有个人的感情偏好。女性都比较敏感，她们会很在乎公平，而这么一个公平的工作环境，只能靠男上司自己营造。

1. 采用正确的方法管理女下属

爱哭、爱闹、小气、八卦，这是一些女性性格特征，让男上司觉得跟她们相处起来很头疼。其实，对于女下属的管理应该尽量的简单化，这并不是说要和她们保持距离、分清界线，而是说工作的时候不要让步骤变得太复杂，只要把工作做好了，很多其他相处的摩擦自然就会消失，工作关系也会变得很简单、很透明。

比如，碰到要加班甚至要单独加班的时候，最好能跟女同事的老公或者男朋友打个招呼，免得以后有什么不必要的误会。

2. 和女下属保持一定的空间感

管理女下属的时候，最开始就应该用命令的手段告诉她们在工作上你是她们的上司，因为这是公司赋予你的行政权力。不能一开始就用人性化的方式去沟通，让上司和下属这个关系的界限变得模糊。

男上司如果在管理的时候仍然当自己为一个普通员工，和异性打成一片，使得女下属在工作上过分地依赖你，这时培养她们独立思考的能力就会变得更难。

男上司跟女下属一定要有空间感，不能跟她们走得太近。因为如果总是跟她们打成一片，当真正遇到一些重要的事情时，反而没办法沟通了。当你在工作中扮演着上司这个角色时，应该公平地对待每一个人。

⊙ 之七：没有标准化

有很多房企中层的个性化管理很严重，自己想干什么就干什么，想开会就开会，自己定的事说不算就不算了，计划变来变去，往往还因职位所在而振振有词。但这样对企业的发展是非常不利的。

哈佛大学有一座哈佛楼，里面珍藏着一位哈佛牧师的250本书，校方明确规定学生可以在馆内阅读珍藏，但不得带出馆外。

后来一场意外的大火烧了哈佛楼，里面的书无一本幸存。但让人感到幸运的是此前有一位同学带了一本牧师的书出馆，学生再三思考后决定把书还给了学校，校长十分感激。

可是，学生还是被学校开除了。大家为此感到不解，最后终于找到了原因——把哈佛牧师的书带出了哈佛楼。大家深刻体会到这就是制度，每个人都要严格遵守。

房企的管理、运营需要房企文化和房企理念的渗透，应该奖惩分明，让有效的机制来规范员工的行为，一定要对员工强调房企的理念，什么是该做的，什么是不该做的。

每个房企都有自己的"天条"和规章制度，员工中的任何人触犯了都要受到惩罚。制度明确规定员工该做什么，不该做什么，就好像是标明了在哪里有"热炉"，一旦碰上它就一定会受到惩罚。只有这样，才能做到令行禁止，不徇私情。三国时期孔明挥泪斩马谡的故事就是一个好案例。

马谡是诸葛亮很喜欢的一员爱将。诸葛亮在与司马懿对战街亭时，马谡自告奋勇要出兵守街亭。诸葛亮虽然很赏识他，但知道马谡做事未免轻率，不敢轻易答应他的请求。但马谡表示愿立军令状，若失败就处死全家，诸葛亮只好同意给他这个机会，并指派王平随行，并交代马谡在安置完营寨后须立刻回报，有事要与王平商量，马谡一一答应。

可是，军队到了街亭，马谡执意扎营在山上，完全不听王平的建议，而且没有遵守约定将安营的阵图送回本部。司马懿派兵进攻街亭时，在山下切断了马谡军的粮食和水的供应，马谡兵败如山倒，蜀国的重要据点街亭因而失守。

面对爱将的重大错误，诸葛亮没有姑息他，而是马上挥泪将其处斩了。

诸葛亮没有因为马谡是自己的爱将就网开一面，从而保证了惩罚的平等性。事前预立军令状，做到了预防。撤军后马上执行斩刑，体现了即时。正是因为能做到这些，才使蜀国在实力最弱的情况下存活了那么长时间，军队也保持了长久的战斗力。

对于房企而言，规章制度的建立对房企的运行和发展起到了规范化的作用，使事情有据可查，使之良性循环。比如，操作规范提高了生产效率，利于形成做事雷厉风行、步调一致、令行禁止的工作风格。

规章制度主要起一种约束作用。大家作为一个团体，为了一个共同的目标来工作，就需要有一个制度来约束和协调他们的工作进展。"没有规矩，不成方圆"，要实现制度化管理，必须有一整套完整强有力的规章制度作保障。

⊙ 之八：不懂授权

房企的授权都是按制度或流程事先设计好的，什么岗位拥有什么样的权力基本上是固定的。但在具体工作中，管理者往往需要再次授权，也就是将企业授予自己的权力再次向下授权，确保下属员工能够独立自主地应对现场情况，灵活处置，确保任务完成。

可是，很多房企的管理者不懂授权，搞得自己一年四季连公众假期都没有时间休。结果，自己忙而无功，下属的作用却被限制发挥，房企人力资源浪费多是由此产生。

《贞观政要》一书中曾经讲到这样一件事：

贞观四年（630）的一天，唐太宗问萧瑀："我跟隋文帝比起来，你认为怎么样？"萧瑀想了一小会，坦然回答说："隋文帝勤勉治国，批阅全国的书表奏章，往往从黎明直到日落西山。隋文帝召集大臣们进宫议事，常常忘记时间，到吃饭的时候还没有完，就命令侍从把饭送上来，边吃边议事。"

唐太宗开怀大笑，爽朗地说："公只知其一，不知其二，隋文帝总怕大臣对他不忠心，大权小权一人独揽，什么事都由他一个人做主，不肯交给下属去办。他虽很辛苦，事情不一定办得好。大臣们摸透了他这个脾气，都不敢直言，常常是顺着他的心思说话，口惠而实不至，我怎么敢像隋文帝那样？天下那么大，人这么多，国事千头万绪，只有请部门去商量办事，遇到大事报告宰相认真考虑，有了妥当的办法，再报告我准奏，然后执行。天下各种事情，都由皇帝一个人来定，那怎么能行呢？把事情交给有才能的人办，自己高瞻远瞩，专事考核官员的功过，于国于己不更好吗？"

于是，唐太宗以史为鉴，充分分权，注重发挥各部门的作用，让他们各司其职。

很多房企管理者习惯了大包大揽的管理方式，不能说这样的领导无才，只是其才能太多，以至于劳多却不得实质性的收效。这种管理者却自认为只有自己对所有的事情很清楚，只有自己才可以高效地处理问题。

管理者事无巨细大包大揽，在某些事情的处理上固然不会产生不必要的纰漏，但从管理的角度看却是个巨大的纰漏。因为这会让所有的下属都变成缺乏活力和自主精神的应声虫。老板累死、员工闲死，不懂得授权的管理者会在"兢兢业业"中把房企或一个部门带入慢车道。

要在今天的商业环境中取得成功，需要每一个人包括一线工人和最高管理层的知识、思想、主观能动性以及创造力。中高层只有创造一个充分授权的环境，使所有员工能全身心地投入工作，才能为组织取得佳绩而共同努力。

经理人要懂得该放手时就放手，沉迷于权力的人只会扼杀自己取得更大业绩的潜力和可能性。管理的重点是控制，领导的重点是激励与授权。减少控制，增加激励与授权，即努力做到"少管理多领导"，这符合新世纪简约管理的大道与趋势。

通过有效授权与激励，优秀的管理者可以用简约的、低成本的方法让员工自动自发、创造性地工作。授权就是复制自己，就是让别人为你工作，是放大自己时间的杠杆，是决定一个管理者能力高低的标志。

第二章

工作重在到位

——房地产中高层管理者的全局意识

管理者首先要打破自我的狭隘意识，建立长远的全局意识。只有具备了这种意识，遇到问题的时候才能多为企业考虑；只有具备了这种意识，当个人利益与企业利益发生冲突的时候才能维护企业的利益；只有具备了这种意识，当自己进行决策的时候才能将目光放长远。

第一节　谋一域先要谋全局

　　"不谋全局者，不足以谋一域"，讲的是"全局"和"一域"的关系，其实就是大局和小局的关系。"一域"要服从"全局"，"小局"要服从大局。只看到自己眼前的局部、只看到一个单位一个地区的利益，一叶障目，不见泰山，不但会影响大局，就是小局也必然搞不好；反之，只有从战略的、宏观的、全局的角度看问题，才能有一种"登泰山而小天下"的气势和胸怀，也才能打开视野，扩展胸襟，从更大更广的时空范围寻找和把握大的机遇。

　　年轻人布莱恩·克莱斯是美国一家服务公司的部门经理。一次，正在休假的布莱恩到一家器材行购买木料，准备把家里装修一下。由于假期只有七天，他把每天的日程都排得满满的。他焦急地等待着木工师傅切割木料，却无意间听到附近的几个人正在抱怨自己所在公司的服务质量，而且抱怨的声音越来越大。布莱恩发现，其中一个人对布莱恩公司的服务质量极不满意。

　　这时，未婚妻打来电话催他赶快回家，监督工人们装修。但是对于眼前的情景，布莱恩却无法置若罔闻。他走上前去对几个人说道："很抱歉，我听到大家正在讨论我们公司的服务情况。请问大家对我们的服务有什么意见，能否愿意给我一个改善服务的机会？如果可以，我一定全力帮助你们解决。"

这一番话让这几个人惊讶无比，但是由于布莱恩态度诚恳，很快就了解到了情况。于是他赶快给公司打电话，向公司汇报了具体情况。不一会儿，公司便派人到那位顾客家解决问题，让顾客非常满意。

布莱恩上班之后，又打电话向那位顾客询问服务情况，并提供给顾客两个星期的试用期，最后，还向顾客表示了诚恳的道歉，令那位顾客非常满意。

老板知道了这件事后对布莱恩称赞有加，并号召所有员工向他学习。布莱恩从此颇受老板关注，个人业绩也节节攀升，成为公司里的重要人物。

如果每个员工都能像布莱恩·克莱斯一样，那么企业绝对是成功的企业，团队是成功的团队。把企业看成是自己的，在使用公司资源时便会尽量做到节约；面对一个大项目时会认真忖度，考虑是否值得投资；在解决企业问题时会全力以赴，力求最快做好。

所谓全局，是事物诸要素相互联系、相互作用的整个发展过程和各个方面。从空间上说具有广泛性，是指关于整体的问题；从时间上说具有延续性，是指关于未来的问题。关注全局而不只注重局部的观念，关注长期而不只重视眼前的观念，是一种战略眼光。

具有组织全局观念的人，会从组织整体和长期的角度考虑问题、进行决策、开展工作，保证组织的健康发展。如果一个房企管理者能站在房企的全局角度上考虑，具备大局意识，一切为了房企的发展，一切为了整体员工的利益，就会自然地会控制自己的情绪，企业的发展就指日可待。

第二节　房地产中高层管理者要有战略思维

⊙ 走出事必躬亲的误区

所谓事必躬亲是指领导什么事都管，什么事都抓，没有巨细之分。这样的领导虽说十分负责任，但是这种责任太宽却会让其他人感到不舒服。领导层事必躬亲的唯一好处也许就在于让人敬佩领导的责任心，但其弊端就太多了，主要有以下几点：

第一，使下属的智慧与潜力得不到充分的发挥。本来属于下属分内的事，领导代劳了，自己就不用花什么心思了，这就阻碍了下属的创新意识。

第二，占用了管理者自己的大量时间与精力。不利于自己集中力量对组织的全局性工作做深思熟虑的思考，可能抓了很多芝麻，却丢了个大西瓜。

第三，让下属产生一种不良的依赖习惯。如下属形成习惯，什么事都想等领导亲自来定夺，样样都得你管，你想不管都不行了。

第四，使一些下属产生厌恶的情绪。例如，下属之间发生矛盾本来可以自己解决，领导自认为应该出面进行干涉，在不了解实情的情况下可能会做出不公正的判断，使遭到不公平待遇的下属产生怨恨的情绪，工作积极性大减。鉴于此，我在这里提出一点看法：

1. 对下属多一些信任

房企中高层也是老板的下属，换个位置，你的老板对你的管理工作事事都过问，你会怎样？应该不会很爽！你的任务是给下属提供标准、方法、目标，过程让他们去完成，你只要看结果就够了。

当然，在他们完成的过程中房企中高层要做好监控和反馈，及时地帮助下属纠正实施过程中的问题，并积极为下属提供必要的帮助。相信下属会做好，这是对下属的尊重，也是对自己的尊重。

2. 学会授权，适当授权

授权不等于放权，不等于放纵。要分清楚你的岗位职责是什么，你该做什么，哪些是你重点要做的，哪些是不太重要（对于你来讲）但对下属来讲是重要的，是可以授权由下属来完成的，该授权给怎样的下属，下属的能力适合授予哪些权利等。

分清楚哪些是管理岗位必须要去做的，哪些是可以叫下属分担的；同时，自己还要承担授权过后的责任。

3. 采用各种方式来培养下属

要想轻松管理，就必须有一帮能将你的管理思想不折不扣执行的下属。必须通过培训才可以将管理层的思想复制。当然，培训的方法很多，见仁见智。

不培养下属，下属的能力得不到提高，自己肯定会很辛苦。做管理，主要的工作是指导员工做好，而不是帮他做好。与其送一条大鱼给他，还不如教给他捕鱼的方法。

4. 不骄傲，心态谦卑

任何时候都不要认为自己是房企管理者因而就是管理团队里最厉害

的人。不要认为你是团队的管理者就必须掌握团队的一切，越是想掌握全部，越是掌握不了。

⊙ 节省管理成本的最佳途径

无论企业经营规模有多大，要想取得更多的利润，有效节约每一分钱，实行低成本原则仍然是非常必要的。"世界船王"包玉刚说："在经营中，每节约一分钱，就会使利润增加一分，节约与利润是成正比的。"美国埃克森美孚石油公司前董事长兼CEO雷蒙德也堪称"成本节约"的典范。在他就任期间，该公司被评为世界上最赚钱的石油公司。

如今，成本管理已不单纯地指财务核算提出的房企提供产品或服务的直接成本加上期间费用的概念，已被延伸到了一个广义的范围。房企的兼并重组、发展战略合作伙伴、加快产业结构的调整、促进技术进步、精简组织结构、优化资源配置等都被列为了"成本节约"的范畴。

当然，我们在这里提倡的是"有效节约运营成本"。所谓"有效"，是指成本节约要有利于房企战略目标的实现，要有利于房企核心竞争力的形成，要有利于房企价值创造能力的提升。所谓"节约"，是指从宏观处把握，从微观处着手，全方位地使成本水平控制在一定的范围内。

强调成本节约的"有效性"，是因为成本管理中仍然可能存在以下误区：第一，成本并不是越低越好。如果一味追求低成本，而以牺牲产品或服务质量、响应客户的时间等条件为代价，可能导致后续成本的不断增加，会削弱企业的核心竞争力和价值创造能力。因此，要引入"战略成本管理"的理念。如果某项成本的降低削弱了企业的战略竞争优势，就要弃之不用；如果某项成本的投入可以增强房企的竞争实力，则应鼓励。

第二，成本管理并不是越细越好。所有的管理措施均需要考虑投入与产出之间的关系，在一定的人力、财务、物质资源配置条件下，使成本水平达到最优。

第三，成本管理并不只是财务部门的事。成本管理的概念应该渗透到企业的方方面面，应上升到企业文化建设、体制建设、战略规划的高度。

第四，成本管理重节约，更要重视预防。要力求在生产过程中不徒耗成本，避免无谓的浪费，通过改进工作方式等措施来预防成本的无效支出。减少废品损失、节约能耗、零库存、作业分析与改进等皆属成本预防的范围。

为实现房企运营成本的有效节约，可从以下几个方面考虑：

1. 实施标杆管理

房企管理者应树立"一切皆可对标"的理念，具体到成本节约方面，公司对标的途径是多种多样的。

一种是内部。对标可以在企业内部寻找标杆，寻找成本管理绩效最优的基层、班组、或个人为代表，对其成本管理现状进行剖析，总结其先进经验和做法，通过"以点带面"的形式全面推广，从而带动公司整体成本管理绩效的提升。

另一种是外部对标。可以在企业外部同行业、跨行业选择标杆。通过分析国内、国际同行业竞争对手的成本水平，总结标杆企业在成本管理方面的先进经验，分析为达到竞争对手相同的成本水平，需要哪些管理举措，进行详细说明并落实，实现成本有效节约的目的。

2. 价值链管理

成本节约应渗透企业价值创造的各个环节，深入到企业的规划、设计、采购、生产、销售等环节，全面、细致地分析和控制各部门内部及部门之间相互联系的成本。

美的公司就是通过发展战略采购供应商合作伙伴、合理控制库存来提高利润空间的。对于美的来说，其较为稳定的供应商共有三百多家，其零配件加起来一共有三万多种。库存周率提高一次，就可以直接为美的空调节省超过两千万元人民币的费用。由于采取了一系列措施，美的公司保证了在激烈的市场竞争下维持了稳定的利润。

3. 精细化管理

精细化成本管理是指企业为适应集约化和购买化的生产方式，建立目标细分、标准细分、任务细分、流程细分的成本管理体制，实行精确计划、精确决策、精确控制、精确考核的一种科学管理模式。房企必须改变粗放的经营方式，逐步实现向精细化管理方向的迈进。

精细化是一种意识，是一种理念，是一种认真的态度，是一种精益求精的文化。实施精细化的成本管理涉及房企的方方面面，需要财务部门和其他部门进行合作，把产品设计、营销网络同收入和成本控制有机结合起来，实现全程参与。在房企每一个关键环节都要实行有效跟踪与监控，房企的经营活动发展到哪里，成本节约的触角就延伸到哪里。

4. 流程管理

通过流程的优化和再造，可以使房企横向、纵向管理的职责更加明确，使岗位的关键工作流程更加清晰、明确、简洁、合理，消除不增值部分，防范风险，提高效率，避免成本浪费。房企采购成本的降低，可以通过流程优化来实现。

通过招投标方式引入竞争，充分发挥公开招标中供应商之间的博弈机制；通过电子化采购方式降低采购处理费用；通过科学的经济批量计算，合理地安排采购频率和批量降低采购费用和仓储成本；对供应商提供的服务和原料有选择地购买。

5．标准管理

一流的房企做标准，完善标准可以避免成本浪费，最终使组织管理各单元精确、高效、协同和持续运行。

有个德国人煮鸡蛋时使用了一个专门的容器。长、宽、高各4厘米，正好装一个大一点的鸡蛋，下面有一块托盘。然后，加50毫升水。1分钟后水开了，然后再烧3分钟，关火。利用余热再煮3分钟，接下来用凉水泡3分钟，鸡蛋被完整地剥开。这样的操作流程简单明了，营养价值最高。

同样是煮鸡蛋，中国人是把鸡蛋往锅里一放，然后干点别的事，等人回来看一看，自我感觉一下，认为好了就拿出来了，没有什么标准参考。

与中国人相比，德国人煮鸡蛋节约了4/5的水、2/3的热量，同时还让鸡蛋达到了最佳的营养状态，这就是有无标准管理的差别。如果房企缺乏标准管理，可能导致产品或服务质量的不稳定、运行效率的低下和运营成本的虚增。

6．文化管理

房企应营造成本节约的文化氛围，注重潜移默化渗透效果。成本节约应上升到房企文化建设、机制建设的高度，中高层管理者应树立牢固的成本节约意识。

著名的船商斯图亚特对于控制成本和费用开支特别重视。他一直坚持不让他的船长耗费公司一分钱，也不允许管理技术方面工作的负责人直接向船坞支付修理费用，原因是"他们没有钱财意识"。因此，水手们称他是一个"十分讨厌、吝啬的人"。直到他建立了庞大的商业王国，他的这种节约习惯仍保留着。

一位在身边服务多年的高级职员曾经回忆说："在我为他服务的日子里，他交给我的办事指示都用手写的条子传达。他用来写这些条子的白纸都是纸质粗劣的信纸，而且写一张一行的窄条子，他会把写好字的纸撕成一张张条子送出去，这样的话，一张信纸大小的白纸也可以写三四条'最高指示'。"

一张只用了五分之一的白纸，不应把其余部分浪费，这就是斯图亚特对管理"能省则省"的原则。

节约每一分钱，把钱用在刀刃上，这应该是理财的基本要求。房企只有不断地提高应变能力，规划好每一分钱、用好每一分钱、赚到可以赚到的每一分钱，房企才能健康稳定地发展，才能在未来的竞争中立于不败之地。

第三节　房地产中高层管理者必会的管理工具

⊙ 头脑风暴

头脑风暴法又称智力激励法，是现代创造学奠基人、美国人奥斯本提出的，是一种创造能力的集体训练法。

当一群人围绕一个特定的兴趣领域产生新观点的时候，这种情境就叫作头脑风暴。由于这种会议使用了没有拘束的规则，人们能够更自由地思考，进入思想的新区域，会产生很多的新观点和问题解决方法。

当参加者有了新观点和想法时便可大声说出来，在他人提出的观点之上建立新观点。所有的观点被记录下但不进行批评，只有头脑风暴会议结束的时候，才对这些观点和想法进行评估。

1. 建议方案

采用头脑风暴法组织群体决策时，要集中有关专家召开专题会议，主持者以明确的方式向所有参与者阐明问题，说明会议的规则，尽力创造在融洽轻松的会议气氛。主持者一般不发表意见，以免影响会议的自由气氛，由专家们"自由"提出尽可能多的方案。

2. 要求

实施头脑风暴法要做到这样几点：一是组织形式。小组人数一般为10人至15人，最好由不同专业或不同岗位者组成；时间一般为20分钟至60分钟。设主持人一名，主持人只主持会议，对设想不作评论。设记录员1人至2人，要求认真将与会者每一设想不论好坏都完整地记录下来。

二是会议类型。可分为两种：一种是设想开发型，即为了获取大量的设想、为课题寻找多种解题思路，可以召开这样的会议，因此，参与者要善于想象，语言表达能力要强。另一种是设想论证型，即为了将众多的设想归纳转换成实用型方案，可以召开这样的会议。要求与会者善于归纳、善于分析判断。

三是会前准备工作。会前要做好这样几项准备：其一，会议要明确主题。会议主题提前通报给与会人员，让与会者有一定准备。其二，选好主持人。主持人要熟悉并掌握该技法的要点和操作要素，摸清主题现状和发展趋势。

3. 会议原则

为了使与会者畅所欲言，互相启发和激励，达到较高效率，必须严格遵守下列原则：

一是禁止批评和评论，但不要自谦。对别人提出的任何想法都不能批判、不得阻拦。即使自己认为是幼稚的、错误的，甚至是荒诞离奇的设想，也不要予以驳斥；同时也不允许自我批判。要在心理上调动每一个与会者的积极性，彻底防止出现一些"扼杀性语句"和"自我扼杀语句"。

二是目标集中，追求设想数量，越多越好。只要求大家提设想，越多越好。会议以谋取设想的数量为目标。

三是鼓励巧妙地利用和改善他人的设想。每个与会者都要从他人的设想中激励自己，从中得到启示，或补充他人的设想，或将他人的若干设想综合起来提出新的设想等。

四是与会人员一律平等，各种设想将被全部记录下来。与会人员不论是该方面的专家、员工，还是其他领域的学者以及该领域的外行，一律平等；各种设想不论大小，甚至是最荒诞的设想都要认真地将其完整地记录下来。

五是主张独立思考，不允许私下交谈，以免干扰别人思维。

六是会议提倡自由奔放、随便思考、任意想象、尽量发挥，主意越新、越怪越好，因为它能启发人推导出好的观念。

七是不强调个人的成绩，应以讨论小组的整体利益为重，注意和理解别人的贡献。

4. 会议实施步骤

会议实施通常要经历这样一些步骤：

一是会前准备。参与人、主持人和课题任务一一落实，必要时可以进行柔性训练。

二是设想开发。由主持人公布会议主题并介绍与主题相关的参考情况；突破思维惯性，大胆进行联想；主持人控制好时间，力争在有限的时间内获得尽可能多的创意性设想。

三是设想的分类与整理。一般分为实用型和幻想型两类。前者是指如今技术工艺可以实现的设想；后者是指如今的技术工艺还不能完成的设想。

四是完善实用型设想。对实用型设想可采用脑力激荡法去进行论证、进行二次开发，进一步扩大设想的实现范围。

五是幻想型设想再开发。对幻想型设想可采用脑力激荡法进行开发，通过进一步开发，就有可能将创意的萌芽转化为成熟的实用型设想。这是脑力激荡法的一个关键步骤，也是该方法质量高低的明显标志。

5. 原则

头脑风暴法应遵守如下原则：

一是庭外判决原则。对各种意见、方案的评判必须放到最后阶段，此前不能对别人的意见提出批评和评价。认真对待任何一种设想，不管其是否适当和可行。

二是自由畅想。各抒己见，自由鸣放，创造一种自由、活跃的气氛，激发参加者提出各种荒诞的想法，使与会者思想放松，这是智力激励法的关键。

三是以量求质。意见越多，产生好意见的可能性越大，这是获得高质量创造性设想的条件。

四是综合改善。要鼓励参加者对他人已经提出的设想进行补充、改进和综合，强调相互启发、相互补充和相互完善，这是智力激励法能否成功的标准。

⊙ SWOT分析法

所谓SWOT分析法，就是即基于内外部竞争环境和竞争条件下的态势分析，就是将与研究对象密切相关的各种主要内部优势、劣势和外部的机会和威胁等，通过调查列举出来，并依照矩阵形式排列，然后用系统分析的思想把各种因素相互匹配起来加以分析，从中得出一系列相应的结论，而这种结论通常带有一定的决策性。

按照房企竞争战略的完整概念，战略应是一个房企"能够做的"和"可能做的"之间的有机组合。运用这种方法，可以对研究对象所处的情景进行全面、系统、准确的研究，从而根据研究结果制定相应的发展战略、计划以及对策等。

SWOT分析法常常被用于制定集团发展战略和分析竞争对手情况，在战略分析中它是最常用的方法之一。进行SWOT分析时，主要包括以下几个方面的内容。

1. 分析环境因素

运用各种调查研究方法，分析出公司所处的各种环境因素，即外部环境因素和内部能力因素。外部环境因素包括机会因素和威胁因素，它们是外部环境对公司的发展直接有影响的有利和不利因素，属于客观因素；内部环境因素包括优势因素和弱点因素，它们是公司在其发展中自身存在的积极和消极因素，属主动因素。房地产中高层在调查分析这些因素时，不仅要考虑到历史与现状，而且更要考虑未来发展问题。

一是优势，它是组织机构的内部因素，具体包括：有利的竞争态势、充足的财政来源、良好的房企形象、技术力量、规模经济、产品质量、市场份额、成本优势、广告攻势等。

二是劣势，它是组织机构的内部因素，具体包括：设备老化、管理混乱、缺少关键技术、研究开发落后、资金短缺、经营不善、产品积压、竞争力差等。

三是机会，它是组织机构的外部因素，具体包括：新产品、新市场、新需求、外国市场壁垒解除、竞争对手失误等。

四是威胁，它是组织机构的外部因素，具体包括：新的竞争对手、替代产品增多、市场紧缩、行业政策变化、经济衰退、客户偏好改变、突发事件等。

2. 构造SWOT矩阵

构造将调查得出的各种因素根据轻重缓急或影响程度等排序方式，构造出SWOT矩阵。在此过程中，将对公司发展有直接的、重要的、大量的、迫切的、久远的影响因素优先排列出来，而将那些间接的、次要的、少许的、不急的、短暂的影响因素排列在后面。

3. 制订行动计划

制订计划的基本思路是：发挥优势因素，克服弱点因素，利用机会因素，化解威胁因素；考虑过去，立足当前，着眼未来。

运用以上系统分析的综合分析方法，将排列与考虑的各种环境因素相互匹配起来加以组合，就可以得出一系列公司未来发展的可选择对策。

⊙ **PDCA模型**

PDCA循环又叫质量环，是管理学中的一个通用模型，最早由休哈特于1930年构想，后来被美国质量管理专家戴明博士在1950年再度挖掘出来，并加以广泛宣传和运用于持续改善产品质量的过程。

PDCA是英语单词Plan（计划）、Do（执行）、Check（检查）和Act（修正）的第一个字母组成的缩写，PDCA循环就是按照这样的顺序进行质量管理，并且循环不止地进行下去的科学程序。

PDCA循环中，P（plan）是计划，包括方针和目标的确定，以及活动规划的制定；D（do）是执行，根据已知的信息设计具体的方法、方案和计划布局；再根据设计和布局进行具体运作，实现计划中的内容；C（check）是检查，总结执行计划的结果，分清哪些对了、哪些错了，明确效果，找出问题；A（act）是修正，即对检查的结果进行处理，对成功的经验加以肯定，并予以标准化；对于失败的教训要总结、重视，对没有解决的问题应提交给下一个PDCA循环中去解决。

以上四个过程不是运行一次就结束，而是周而复始地进行，一个循环完了能够解决一些问题，未解决的问题进入下一个循环，这样阶梯式上升。PDCA循环不仅可以运用在质量管理体系中，也适用于一切循序渐进的管理工作。

1. 循环过程

（1）P阶段。根据顾客的要求和组织的方针，为提供结果建立必要的目标和过程：

第一，择课题、分析现状、找出问题。强调的是对现状的把握和发现问题的意识、能力，发现问题是解决问题的第一步，是分析问题的条件。

第二，定目标，分析产生问题的原因。明确了研究活动的主题后，要设定一个活动目标，也就是规定活动所要做到的内容和达到的标准。目标可以是定性+定量化的，能够用数量来表示的指标要尽可能量化，不能用数量来表示的指标也要尽量明确。

第三，选出各种方案并确定最佳方案。创新并非单纯指发明创造的创新产品，还可以包括产品革新、产品改进和产品仿制等。其过程就是：设立假说，然后去验证假说，从影响产品特性的一些因素中去寻找出好的原料搭配、好的工艺参数搭配和工艺路线。

第四，制定对策、制订计划。计划的内容如何完成好，需要将方案步骤具体化，逐一制定对策，明确回答出方案中的"5W1H"，即为什么制定该措施（Why）、达到什么目标（What）、在何处执行（Where）、由谁负责完成（Who）、什么时间完成（When）、如何完成（How）。

（2）D阶段。按照预定的计划、标准，根据已知的内外部信息，设计出具体的行动方法、方案，进行布局。再根据设计方案和布局进行具体操作，努力实现预期目标的过程。

第一，设计出具体的行动方法、方案，进行布局，采取有效的行动；产品的质量、能耗等是设计出来的，通过对组织内外部信息的利用和处理做出设计和决策，是当代组织最重要的核心能力。设计和决策水平决定了组织执行力。

第二，对策制定完成后就进入了实验、验证阶段，也就是做的阶段。在这一阶段除了按计划和方案实施外，还必须要对过程进行测量，确保工作能够按计划进度实施。同时建立起数据采集，收集起过程的原始记录和数据等项目文档。

（3）C阶段。确认实施方案是否达到了目标。

第一，效果检查，检查验证、评估效果。

第二，方案是否有效、目标是否完成，需要进行效果检查后才能得出结论。

（4）A阶段。对检查的结果进行处理，主要工作有以下内容。

第一，标准化，固定成绩。标准化是房企治理系统的动力，没有标准化，房企就不会进步，甚至下滑。

第二，问题总结，处理遗留问题。所有问题不可能在一个PDCA循环中全部解决，遗留的问题会自动转进下一个PDCA循环，如此，周而复始，螺旋上升。

2. 循环特点

PDCA循环具有如下特点：

一是套小环、小环保大环、推动大循环。各级部门根据房企的方针目标，都有自己的PDCA循环，层层循环，形成大环套小环，小环里面又套更小的环。大环是小环的母体和依据，小环是大环的分解和保证。各级部门的小环都围绕着房企的总目标朝着同一方向转动。通过循环把房企上下或工程项目的各项工作有机地联系起来，彼此协同，互相促进。

二是不断前进、不断提高。PDCA循环就像爬楼梯一样，一个循环运转结束，生产的质量就会提高一步，然后再制定下一个循环，再运转、再提高，不断前进，不断提高。

三是门路式上升。PDCA循环不是在同一水平上循环，每循环一次，就解决一部分问题，取得一部分成果，工作就前进一步，水平就进步一步。每通过一次PDCA循环都要进行总结，提出新目标，再进行第二次PDCA循环。PDCA每循环一次，品质水平和治理水平均能更进一步。

⊙ SMART考核

目标管理是使房企管理者的工作由被动变为主动的很好的管理手段之一，实施目标管理不仅是为了利于员工更加明确高效地工作，更是为了管理者将来对员工实施绩效考核提供了考核目标和考核标准，使考核更加科学化、规范化，更能保证考核的公正、公开与公平。

1. Specific——明确性

所谓明确，就是要用具体的语言清楚地说明要达成的行为标准。明确的目标几乎是所有成功团队的一致特点。很多团队不成功的重要原因之一就因为目标定的模棱两可，或没有将目标有效的传达给相关成员。

例如，制定目标是"增强客户意识"，其对目标的描述就很不明确，因为增强客户意识有许多具体做法。比如减少客户投诉，过去客户投诉率是3%，把它减低到1.5%或者1%；提升服务的速度，使用规范礼貌的用语，采用规范的服务流程，也是客户意识的一个方面。

实施要求：目标设置要有项目、衡量标准、达成措施、完成期限以及资源要求，使考核人能够很清晰地看到部门或科室月计划要做哪些那些事情，计划完成到什么样的程度。

2. Measurable——衡量性

衡量性就是指目标应该是明确的，而不是模糊的。应该有一组明确的数据，作为衡量是否达成目标的依据。如果制定的目标没有办法衡量，就无法判断这个目标是否实现。

例如，老板有一天问"这个目标离实现大概有多远？"管理者回答

"我们早实现了"。这就是老板和经理对团队目标所产生的一种分歧，原因就在于没有给他一个定量的可以衡量的分析数据。

制定目标，是要使制定人与考核人有一个统一的、标准的、清晰的可度量的标尺，杜绝在目标设置中使用形容词等概念模糊、无法衡量的描述。对于目标的可衡量性应该首先从数量、质量、成本、时间、上级或客户的满意程度五个方面来进行；如果仍不能进行衡量，可以将目标细化，细化成分目标后再从以上五个方面衡量；如果仍不能衡量，还可以将完成目标的工作进行流程化，通过流程化使目标可衡量。

3. Attainable——可实现性

目标是要能够被执行人所接受的，如果上司利用一些行政手段，利用权利性的影响力一厢情愿地把自己所制定的目标强压给下属，下属典型的反映是一种心理和行为上的抗拒：我可以接受，但是否如期保质地完成这个目标，有没有最终的把握，这个可不好说。一旦有一天，这个目标真完成不了的时候，下属有一百个理由可以推卸责任：你看，我早就说了，这个目标肯定完成不了，但是你当时坚持要压给我。

目标设置需要坚持员工参与、上下左右沟通，使拟定的工作目标在组织及个人之间达成一致。既要使工作内容饱满，也要具有可达性。可以制定跳起来"摘桃"的目标，而不能制定跳起来"摘星星"的目标。

4. Relevant——相关性

目标的相关性是指实现此目标与其他目标的关联情况。如果实现了这个目标，但对其他的目标完全不相关，或者相关度很低，那这个目标即使被达到了，意义也不是很大。

工作目标的设定要和岗位职责相关联的，不能跑题。比如对待一个前台人员，你让她学点英语以便接电话的时候用得上，这时候提升英语水平和前台接电话的服务质量有关联，即学英语这一目标与提高前台工作水准这一目标直接相关。如果让她去学习六西格玛就比较跑题了，因为前台学习六西格玛这一目标与提高前台工作水准这一目标相关度很低。

5．Time-bound——时限性

目标特性的时限性就是指目标是有时间限制的。例如"计划我将在2015年5月31日之前完成某事"。5月31日就是一个确定的时间限制。没有时间限制的目标没有办法考核，或者可能带来考核的不公。

上下级之间对目标轻重缓急的认识程度不同，上司着急，但下面不知道。到头来上司可以暴跳如雷，而下属觉得委屈。这种没有明确的时间限定的方式也会带来考核的不公正，伤害工作关系，伤害下属的工作热情。

中高层管理者的目标设置要具有时间限制，根据工作任务的权重、事情的轻重缓急，拟定出完成目标项目的时间要求，定期检查项目的完成进度，及时掌握项目进展的变化情况，以方便对下属进行及时的工作指导，以及根据工作计划的异常情况变化及时地调整工作计划。

第三章

责任胜于能力

——房地产中高层管理者的责任意识

　　不管是在生活中还是在工作中，房企中高层首先都要敢于担当。因为，只有敢于负责的人，工作态度才是积极主动的；只有愿意负责的人，才能赢得下属的认可。责任心是做好任何一份工作都应该具备的，房企的中高层管理者更应如此。

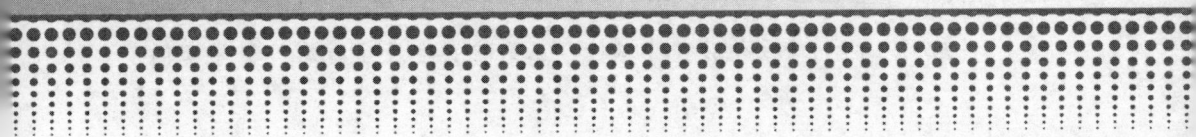

第一节　别把责任当负担

巨大的铁丝网里关着狼的一家，有公狼、母狼和小狼。试验一开始，科学家先把公狼放了出去，母狼和小狼仍然囚禁着。在此后的两个月内，时常看到公狼在铁丝网的外围徘徊，它精神委顿，有气无力。

按试验的原计划，下一步应该把小狼也放出去。然而几位科学家对这个问题产生了分歧，很多人主张不要放走小狼，因为公狼的状态看起来很不好，恐怕活不了几天了，小狼交给公狼，弄不好会"两狼俱损"，试验的前期投入也将付之东流。

但主持这个试验的科学家却坚持把小狼放走，他相信，试验的结果会印证他原先的预想。于是小狼被放到铁丝网外，此后的一段时间内，公狼和小狼消失在人们的视野中。终于有一天，公狼带着小狼又回来了，两只狼都很健壮，毛色油亮。

原来，公狼承担了哺育小狼的责任后，一下子打起了精神，积极地捕猎食物，所以两只狼在此过程中健康都改善了。但它们仍然惦记着母狼，所以总待在铁丝网周围，不肯远走。

最后，人们把母狼也放了，从此，三只狼再也没了踪影。科学家们说，公狼、母狼现在不仅共同承担养育后代的责任，而且也要互相承担责任，它们一定会自由而快乐地生活自己的天地中。

这个试验告诉人们一个生物界的共有原则：活力来自于责任感。不仅低级动物的狼如此，高级动物的人类也是如此。这说明，通过承担责任来唤醒我们潜在的力量，是我们来自动物祖先的一种本能。作为一名房企管理者，首先要敢于承担责任。没有责任心的管理者不是一个好的管理者。

房企管理者是一个团队或者一个组织的集中体现。在具体工作当中，一个下属遇到自己解决不了的问题时，就会其请求领导给予思路给予方法。如果一名下属在工作当中出现披露，那么首先也是房企管理者的问题。

当这些问题发生时才是真正考验管理者的时候，这要看管理者能不能敢于承担责任、能不能够承担责任。因为一旦工作出现披露，小的披露员工可以承担，那如果是大的披露呢？谁来承担？当然是房企中高层管理者来承担了。

如果房企管理者不敢于承担责任，而是把责任推给员工，不仅会造成公司更大的损失，也会造成自己的损失，更会造成上司的损失。

作为公司于员工之间起桥梁作用的中高层管理者，对于房企的兴旺发展起到至关重要的作用，因而他们必须明确自身的职责所在，才能更好地服务于公司，服务于员工。

1. 发挥纽带作用

上传下达需要中层能够有效理解高层发布的指令集公司决策层的意图，能够做到客观实际，同时要针对部门人员情况，做到合理传达、有效安排、明确重点等。关键是要站在公司角度，任务角度去发布指令，解答员工的疑惑。

2. 具有创新精神

房企中高层要有想法、有思路，能在基础性的工作上提出一定的挑战性，让员工去努力超出公司的期望值，这是创新与执行的核心理解与把握。

3. 有效激励下属

能够用有效的方法鼓舞团队的士气，在压力面前不畏惧，在困难面前找思路，传递更多的正能量。

4. 保证高效执行

保证权力高效执行，执行无借口，目标结果至上，追求细节与完美。

5. 疏导负面情绪

要时刻了解员工的情绪与想法，将负面的情绪予以疏导，能够站在公司、站在全局、站在职业发展的立场去分析问题，去帮助员工解决问题。

6. 及时做出反馈

对于员工反馈的关键问题予以分析反馈并提出自己的意见建议，通过这样的方式，为公司献言献策，改善流程，提高公司整体效益。

第二节　员工的责任感也需要管理者来培养

房企的发展需要员工的支持，房企管理者应懂得，员工决不仅是一种工具，其主动性、积极性和创造性将对房企生存发展产生巨大的作用。

员工对组织的忠诚首先来自于员工对组织的感情依附。大量研究表明，对组织有较强感情依附的员工具有较低的流失率和缺勤率，并具有较强的工作动力。那么，房企中高层如何才能提高员工对组织的感情依附呢？

1. 让所有的员工有使命感

使命感就是知道自己在做什么，以及这样做的意义。一个组织的存在并不仅仅是为了自身的生存，如果组织存在的目的仅仅是为了自身的生存，那么这个组织的存在对社会就没有多大价值了。因此，一个房企的存在，绝对不能仅仅以赚钱为唯一目标。

有人问三个正在教堂工地施工的建筑工人同样的问题："你在干什么？"第一个工人说："我在砌砖头。"第二个工人说："我在建世界上最大的教堂。"第三个工人说："我在建设一个净化人们心灵的场所。"

为什么做着同样的工作，三个人的回答却有着天壤之别呢？其实，这种巨大的差异完全来源于他们对自己所做的工作的使命感的认知。使命感最重要的作用，就是能让人分辨出他是在做事还是做事业，这对工作的执行和结果具有决定性作用。

除了赚钱之外，房企还应该服务社会、创造文化、提供就业机会、提供高质量的产品和服务给消费者。这些都是房企应该具有的目标，也可以说是房企的使命。一个房企如果从管理层到普通员工都能形成这样的使命感，那么企业最终一定会有很大的发展。

2. 让留在组织中的员工有安全感

人的社会属性，决定了外界对人的各种刺激，将产生不同的反应，而这种反应，将会影响到人的行为表现，进而影响到个人在组织中的绩效。对于那些符合组织要求的员工，管理者应该利用各种机会，运用各种途径，表示组织对他们的认同，让他们有一种职业安全感。这种安全感也是一种广义的报酬。

这时，员工会有一种很强的归属感，员工在安全感非常好的工作环境下，会对自己职业产生一个良好的预期，更加会看重自己长期职业素养的提升，从而能激发自己的全部潜能，投入工作。这个时候，员工对组织会有很强的感情依附。

3. 让被解雇的员工有公平感

公平不单要强调结果的公平，更加要强调程序的公平。没有公平的程序，就不可能会有公平的结果。在组织中，员工对公平感的体会主要来源于升迁机会和待遇。

在程序公平和结果公平之间，员工关注的不是绝对的公平，而是相对的公平。让一个不合格的员工离开组织并且要让其感觉到受到了公平的对待，这是一件极其困难的事情。这对房企中的人力资源部门和直线经理提出了很高的要求，但这又是一个对员工具有强烈感情依附的房企必须要求做到的。这就要求做到以下两点：

第一，组织必须要有一个良好的绩效鉴别系统。要准确地量化员工的绩效，让其充分理解公司对其所任职位的绩效标准。当他的绩效达不到标准时，要给他一定的时间，帮其分析并改进其绩效。

第二，组织必须要有一个良好的个体能力识别功能。组织必须向被解雇的员工清晰地传达岗位的任职资格要求，分析其与职位不匹配之处，帮助其分析可能与其能力和个性相匹配的职位。必须让其明白，如果让其在不胜任或者其素质与职位不匹配的岗位上混下去的话，对其来说是一个极不负责任的态度。

第三节　房地产中高层管理者责任心的 三大指标

⊙ 有愿景，能坚持

愿景的概念并不神秘。对个人来说，愿就是心愿，景就是景象，合起来就是个人脑海中所持有的意象或景象。一个房企的愿景必须是共同的，其共同的愿景就是组织成员所共同持有的意象或景象。

个人愿景必须是发自个人内心的、真正最关心的，一生最热切渴望达成的事情。它是一个特定的结果、一种期望的未来或意向。当你为一个自己认为至高无上的目标献上无限心力的时候，它就是一种自然的、发自内心的强大力量。它是一个可预见的未来美景，这个美景给人做一件事情的动力。

具体来说，房企中高层管理者的愿景具备以下四大精髓：

第一，知道自己是什么，要成为什么，由什么来引导。只有诚实地回答了这三个"什么"，你的职业生涯才能真正有所成就。挑战成功第一步就是去发现这些问题的答案。事实表明，一旦你发现了自己最珍视的是什么，自然就会精神倍增，甚至等不及每天早晨的日出。知道要成为什么，就有紧迫感，有一种等不及的神圣感觉。另外，愿景还能为未来的活动提供明确的方向，引导你在达到阶段性的目标后，再设立新目标。假如没有愿景，一旦眼前的目标达成了，一切也随之结束。

第二，你想成为什么，所以你能成为什么。对于愿景，有相关人士给予了精辟地论述：愿景的哲学意义建立在"你想成为什么，所以你能成为什么"，而是"你能成为什么，所以你想成为什么"。愿景哲学的智慧给予房企管理者激发下属无限潜能的力量，去实现其人生哲学与管理哲学的终极发挥，这是愿景管理的根本原则。一名成功的房企管理者的管理艺术若仅仅靠悬在下属眼前的胡萝卜和大棒，那他也只能带着他的下属去获得更大的胡萝卜，但胡萝卜就是胡萝卜。

第三，愿景是一种激发潜能的梦想，经得起时间考验。人类因梦想而伟大。回溯百年，中国人飞翔在天是一种看似不可实现的梦想，但当杨利伟坐着神舟五号环游地球的时候，你却会不得不感叹如果没有持之以恒的梦想，今日世界将会怎样？愿景就是一个这样的梦想。一百年前，当亨利·福特告诉人们，他的愿景是"使每一个人都拥有一辆汽车"时，有多少人认为他患上神经病。但现在的美国社会，他的梦想早已经变成现实。愿景的力量应该在于它处于可实现而又不可实现的模糊状态。

⊙ 拥有服务的心

管理就是服务，以服务员的角色去管理，是做好管理的基本观念，是做好管理的最佳战略，是做好管理的最高境界，亦是管理学的精髓之一。

有家房产公司从成立以来始终奉行这样的原则：员工与顾客都是企

业的上帝，企业应为员工提供优质服务，员工应对产品质量高度负责。其管理制度明确表示，管理层就是服务层，房企管理者就是服务员。

管理者对员工的服务内容包括维护良好的工作环境，加强工作的胜任能力，帮助树立正确观念和先进思想，引导员工积极健康发展，提供一切可能的学习条件。基于这样的观念，十几年来该公司的利润始终保持稳步增长，不仅得到了客户的好评，而且在行业内享有很高的赞誉。

这个企业为什么能有这么好的成绩和发展势头？管理者就是服务员的观念是否行得通？看到这个案例的人都感到匪夷所思，不禁会提出这样的疑虑。如果人们能够从管理的本质和目的来认识管理，心头的疑惑就会迎刃而解。

有人认为，房企是一种营利组织，尤其是民营企业归私人所有，好像与服务搭不上关系。其实不然，房企管理者的劳动直接服务企业员工，员工直接生产产品或提供服务，从而使产品和服务满足社会需求。所以，企业服务社会，房企管理者直接为员工服务，间接为社会服务。

⊙ 有志于持续的细节创新

有一句人们耳熟能详的话，叫"魔鬼存在于细节之中"。为什么细节会成为魔鬼的栖身之地呢？因为人们在工作和生活当中，经常会忽略了细节的存在，从而让魔鬼有机可乘。其实，面对于"创新"这个在企业界里非常时髦的字眼，又何尝不是存在于细节之中。

在一些人的错误观念里，创新是始于宏伟的目标、终于备受瞩目的结果，而充耳不闻的细节反而成了制约创新的"魔鬼"。然而，细节是创新之源，要想获得创新，就必须要明白"不择小流方以成大海，不拒杯土方以成高山"的道理。

国内许多房地产企业的领导在寻求创新时，不管在技术创新还是在管理创新方面，总习惯于贪大求全，却很少有"于细微处见精神"的细心和耐心。相反，成功的企业家在谈到创新时却常说："创新不等于高新，创新存在于企业的每一个细节之中。"

日本丰田公司的经验也证明了：通过细节的创新可能实现对整个企业的持续不断的改善，从而获得巨大的成效。虽然每一个细节看上去都很小，但是这儿一个小变化、那儿一个小改进，则可以创造出完全不同的产品、工序或服务。

如果说创新是一种"质变"，那么这种"质变"经过了"量变"的积累，就自然会达成大的变革和创新。而这种质变却是简单的，让人一看就懂：原来是这样，我怎么没有想到。老子早就说过："天下难事，必做于易；天下大事，必做于细。"房企的经营中只有重视细节，并从细节入手，才能取得有效的创新。

管理大师彼得·德鲁克说："行之有效的创新在一开始可能并不起眼。"而这不起眼的细节，往往就会造就创新的灵感，从而能让一件简单的事物有了一次超常规的突破。德鲁克认为，创新不是那种浮夸的东西，它要做的只是某件具体的事。

房企要真正达到推陈出新、革故鼎新的目的，就必须要做好"成也细节，败也细节"的思想准备。否则，所谓的创新只能是一句空话。所以，创新不一定是"以大为美"，但却绝不能掉以轻心于企业活动中的既不相同却又相互关联的每一个细节。

第四章

"冬天"应该怎么过

——房地产中高层管理者的危机意识

在企业发展的任何时候，管理者都要具备一定的危机意识。即使企业正处于鼎盛时期，也要让自己感到"如履薄冰"。因为危机意识会让一个人奋起直追；如果贪恋一时的安逸，忽视了市场竞争的巨大影响，很容易倾覆企业这艘大船。

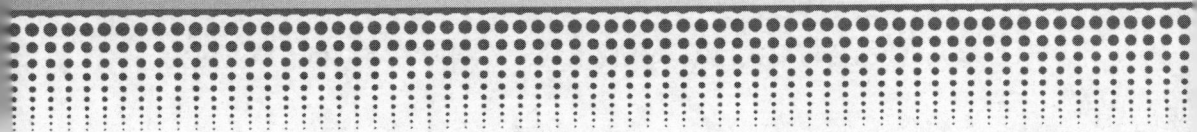

第一节　房地产市场低潮袭来

对于中国房地产行业的未来发展趋势，目前存在很多为了博得舆论关注的炒作和遐想式预测。事实上，房地产不是纯粹的市场经济，而是一个资源型的、具有政策性的特殊市场。对这样一个关系重大，本身又缺乏严密制度设计的市场做任何预测，都必须建立在科学研究和严谨、负责的态度之上的。

经过对一手市场调查数据和全面的政策观察与分析，有研究机构得出结论：2015年，中国房地产进入了严峻的低潮期，主要原因有以下三点。

1. 政策、资源市场不利于粗放型经营的房地产

中国房价长期高企，政府决策的主观趋向是趋控型。尽管土地财政是政府对高房价弃之不能，但稳定执政的第一要务是铁打的。

政府在房地产上的政策手段将转型为对资源市场的重组和疏导，这已经是显见的，主要体现在三个方面：一是紧缩流动性，银行已经开始控制放贷；二是国家将实施新的旨在增加土地供应的新政，如城镇化加快；三是房产税必将扩大范围。在货币紧缺、购房者减少和土地供应相对充足的综合资源支配下，房价必然下跌，市场必然趋冷。

2. 刚需锐减，供应增加，房地产市场将空前疲软

调查数据显示：前几年调控积累的刚性需求已在最近年里基本被消化；房产税试行，二手市场将释放大量的多套房产的房屋。2016年后的市场供需必然出现相当大的逆转。

3. 海外置业成风，中国房地产将遭遇新的"狼袭"

由于多种原因，国人海外置业将成为下一波的购房热点。境外买房的中国人将越来越多，特别是特殊领域的富人阶层将会选择到国外置业，新的海外置业风气将成为现实，国内房地产的热度将开始变冷。

第二节 如何应对房地产企业发展的瓶颈

中小房地产企业是我国房地产企业的主体，占我国房地产企业总数的80%。房地产开发业是竞争性行业，所需资金量大，资源占用多，而且涉及社会非常敏感的住房问题，所以房地产企业的发展历来受到关注。由于近几年房地产行业过快增长，国家出台了一系列的调控措施，使得中小房地产企业的发展面临着巨大的挑战。

目前，我国中小房地产企业发展主要面临着以下发展瓶颈：

1. 管理瓶颈

很多中小房地产企业是民营房企，家族式管理使得房企的发展在理念上和战略规划上很难有大的突破，而高层管理者的理念、发展意识又很大程度上影响这房企的发展方向；同时有的地方性中小房地产企业不顾自身行业和规模实际情况，为了取得好的管理效果，直接采用拿来主义，将大型房地产企业或其他行业的房企管理模式用运于本房企，使得房企的管理理念等因素在很大程度上制约了房企的发展。

2. 人才瓶颈

中小房地产企业出现的人才流失或人才荒是房地产业迅猛发展的结果，专业技术人才的缺乏，专业人才流向大房企，已经成了摆在房企面前的一道难题。如果薪酬过高，房企将背负沉重的包袱，不利于房企的再投资，薪酬太低则导致人才流动过快和人才流失，这使得中小房地产企业的经营受到了极大的影响。

3. 融资瓶颈

融资瓶颈是中小房企发展壮大过程中普遍存在的瓶颈，也是最主要的瓶颈。我国中小房地产企业融资难主要表现为房企和银行存在着矛盾，一方面资金的安全性、流动性、营利性是银行贷款的基本要求，另一方面房地产经营又具有资金密集型和生产周期长的特点，存在过高的经营风险，不能提供银行贷款所需的抵押担保条件，贷款的风险化解和补偿能力较弱，导致中小房地产企业在需要从银行大额融资时遇到困难。银行信贷的不恰当收缩和不到位服务加大了矛盾。从2014年以来，宏观金融调控主要是为了控制银行信贷流向过热行业，尤其是房地产业，这就使本来存在的中小房地产企业贷款难上加难。

4. 品牌化意识不强，品牌定位不准

随着品牌消费时代来临，品牌已成为"质量、可靠性的一种不言自明的保证"，其重要性已超过以往任何时候。美国可口可乐公司的老板曾经说过：我们可口可乐哪怕被一把火烧毁，我照样是亿万富翁。因为大火只能烧毁厂房设备等有形资产，而最重要的无形资产——"可口可乐"品牌只要没有被毁掉，凭借"可口可乐"这商标就可毫不费力地

吸引投资或获得银行贷款……可口可乐企业都能快速重生。品牌不仅成为房企或产品走向市场、走进消费者的桥梁与纽带,也成为房企抗拒风险、化解风险的利器。当今我国产品房地产企业的利润率超过社会其他行业的利润率,同时由于房地产开发业的进入壁垒较低,一大批社会游资涌入房地产开发行业。这些开发商短期行为严重,既没有长期的房企发展规划,也不重视自身的信用和品牌,产品经常会出现面积缩水、质量低劣、延迟交房等问题。不仅侵犯了消费者的合法权益,还直接影响着房地产企业自身的发展。

5. 政策瓶颈

首先,在行业政策上,为使房地产业不至于发展过快过热以至于影响到国民经济,国家相继出台了土地挂牌出让政策,中央将房地产过热提到了政治高度,2006年以来的宏观调控措施如"国六条""国八条"等对中小房地产企业的发展极为不利。此外,在金融政策上,政府缺乏对中小房企融资应有的信贷政策扶持,我国政府在这方面的政策就较倾向于大房企。许多人认为落后国家想要发展经济,追赶甚至超过发达国家,就必须重点发展资本密集型工业部门,优先发展重工业,结果使得资本密集型行业的优先发展等同于大房企的优先发展,为大房企制定了一系列优惠政策。

6. 房企制度瓶颈

目前,中小房企存在制度上的通病就是没有真正做到制度化管理,房企内部本位思想严重,推诿扯皮严重等。这些在这些问题的产生,使人们对制度化信心减小。房地产是热门产业,所有的房地产企业都在探寻摸索适合本行业的管理制度,房地产中小企业除了存在上述问题需要克服以外,由于行业特点,在发展过程中的质量管理制度、客户服务制度都是必须重视，但目前中小房地产企业在这方面做的还不够，导致企业的效率总是在一般水平徘徊。

要想解决中小房地产企业面临的以上制约发展的瓶颈，广大房地产企业可从以下几方面入手：

1. 提高自身实力和素质——解决融资瓶颈、管理瓶颈

中小房企借款难是一个世界性的问题，究其原因，与其自身存在的不足有较大的关系，为解决中小房企融资难问题，人们提出种种建议，然而，任何方面的加强与完善都取代不了中小房企的自身发展和自身信用度的提高。

针对中小房地产企业来说，必须逐步按照现代房企制度要求建立科学的管理体系，尤其是对产品质量和形成完整的内部监控系统，要规范房企的财务管理与监督制度保证相关信息的真实性、准确性，提高房企有关信息的透明度，使房企合法经营。在保证真实传达信息的基础上，通过房企再造、激活房企竞争机制、提升房企竞争力，这是房企信用的本质体现。

2. 树立品牌是第二生产力思想——加强品牌建设

品牌是一个房企的实力、产品质量、管理水平等指标的综合体现，以核心竞争力和综合素质的外部表现，是市场经济发展和市场竞争的必然产物。一个有影响的品牌，不仅可以在市场竞争中取得越来越大的市场份额，而且售价比一般同类产品要高出许多。

对于中小房地产企业来说，首先，一个好的品牌离不开对一个产品的设计，同时还要保证产品优质的品质，这是保证产品质量的最根本的要求。只有把产品的设计和品质相结合，才能使品牌得以发展。其次，在品牌建设中要有全员品牌意识，同时要不断地向全体员工灌输品牌观

念，更为重要的就是要用品牌的理念去建设和打造品牌。再次，在品牌建设中要有拿出利润空间保证同消费者的沟通，比如，以良好的物业服务促进品形象的提升。最后，房企在品牌建设中要形成独特的品牌文化，对外是品牌，对内则是文化，没有强大的文化支撑，品牌价值将会流于形式，从而也将不会被消费者认同。品牌的建设是离不开房企文化的建设。换言之，品牌的竞争也就是房企文化的竞争。

3. 创新房企制度——探索适合自身发展的制度

房企发展的关键人物必须把握人治管理与制度管理之间的平衡。制度化的过程不可能是一蹴而就，它必然要求房企从最关键最紧迫的事件开始的，由低到高并渐进而行。

制度管理在与人治管理平衡中不断加大比重，当然需要付出成本。付出成本必然要收益，这一过程必须又是强制性基础的自我突破。先固化，定下来的事情必须执行，而固化的前提就是根据房企实际解决关键的紧迫的问题。固化之后再优化，优化之后再固化、再优化，这样逐步形成了文化。这一过程其实也是让人治比重不断减少，制度比重不断增大的过程。

4. 加大人才培养——加强人才引进

专业化的管理要求房地产企业在房地产开发的各个环节上配备专业化的管理者才，提升房企及项目的管理水平，提高效率，降低成本，以获得更多利润。

随着市场竞争的加剧，房企只有具备较高的项目成本管理水平，使开发成本低于行业平均水平，才能在竞争中获得优势。因此，房地产企业必须充分重视人才工作，尽早培养出一批专业化的投资管理者人才，使他们成为既具备房地产运作的专业知识和实践经验，全面了解房地产市场，又具备财务分析、投资管理及相关法律知识的复合型管理者才。尤其是在人才管理上，一方面要创造尽可能好的人文环境，另一方面要有好的帮带机制，促进房地产企业人才早日脱颖而出。

第三节　当前中国房地产企业的痛楚

如今，片面地谈"重赏之下，必有勇夫"的时代已经过去。手中无将，高处不胜寒，"中层危机"在CEO等中国房企高层眼中触目惊心。一方面，现在高管对中层的普遍要求不再是"业绩等于一切"那么简单，对"勇夫"的要求还增添了许多人性化的内容，如诚信度、凝聚力、包容性等；另一方面，中层考虑也更加全面，"重赏"除了薪酬福利，还有对房企文化认同性、职位升迁率、培训和利益分享机制等。

调研显示，中层管理者的薪酬增长最为突出，上海、广州、北京年均增长都在8%以上。同时中层管理者31%的离职率远远高于市场平均水平。中高层经理人的流动率及薪酬上涨幅度偏高，表明他们是目前人才市场上最活跃的群体。

这场中层危机主要分为两个层次：缺失危机与管理危机。与我们以往关注较多的人才流动困境不同的是，对于高管来说，最突出的关键点在前者。中层房企管理者、团队的缺失断层，与高层、房企发展需要不符等不正常状况对房企运营、领导机制产生威胁的不良影响。

据前程无忧网2006年全年的统计调查，每一个中层管理职位的空缺，就有至少800份至1000份简历前来应聘，但依然有很多单位挂上几个月甚至一年仍然虚位以待。虽然在供求比例上看可谓人才济济，但是就反馈看，符合具体房企需要的优秀中层经理的数量并不值得乐观。

第四节 可怕的人才断层

房地产企业为什么会出现如此高的人才流动率呢？原因主要有以下几个方面：

1. 人才紧缺

房地产行业看似有二十多年的历史，但真正称得上是一个"行业"，其实不过最近的五六年。在这么短的时间内，客观上决定不可能积累大量人才。也就是说，我国房地产企业知识管理（KM）和专业人才培训管理体系的建设大大滞后于行业本身的快速发展，各类"合格人才"的高稀缺性在今后相当长的一段时间内将是房地产行业始终需要面对的严峻现实。由于房地产人才具有较高的专业化程度，其业内流动的幅度要远远大于跨行业流动的幅度。加之在利润的刺激下，成千上万的房地产公司一下涌出，更加剧了人才短缺、奇缺的矛盾。

对于现阶段的房地产企业而言，核心人才起到的作用是巨大的。核心人才的特质是具备综合型经营能力，既要具有一定的工程建筑、规划设计专业知识和项目统筹管理能力，又要具有开阔的思维视野和经营决断、市场把握、社会关系协调、资金运作等综合能力，而这些能力都需要较长时间的锤炼才能培养起来。因此，很多房企不惜重金四处猎取这类人才。

同时，随着房地产产业链分工的日趋专业化，房企对细分的"专业化经营人才"的需求也显著增大。包括项目经营人才、物业经营人才、金融投资运作人才、跨区域经营人才、国际化地产经营人才等。

2. 内部人才流动率高

房地产行业的人才培养机制普遍不成熟，晋升空间狭窄，由于以往以项目运作为主，周期短、见效快，房企宁愿付给有经验、能上手的应聘者多一倍甚至几倍的薪资，也不愿意自己培养人才。同时，由于人才供给和市场需求的巨大落差，人才获取多采取高薪挖角的方式。

从表面上看，房地产人才市场火暴兴隆，房企人才选择的空间似乎相当充裕；而事实上，真正具备房地产企业所需精深专业知识、专业技能和丰富经验的高水准"合格人才"在业内却非常有限，往往供不应求，这更加助长了房地产企业宁愿挖人、不愿育人的人才获取方式。

3. 人才匮乏

中国房地产业尽管已经实现了连年持续发展，但其行业规范和行业准则的建设同样远远滞后于产业规模效益的"爆炸式"成长——这是导致近期房地产人才频繁流动的另一重要原因。中小型房地产企业仍处于项目运作阶段，人员规模小，公司的组织模式基本围绕项目展开，组织机构灵活，组织管理相对简单。而较大的房地产企业一般是从区域公司或项目公司扩张发展而来。随着规模的扩大，组织管理与运营模式越来越复杂，组织管理能力成为大型房地产企业发展的主要瓶颈。同时，囿于关键人才的缺乏，科学理想的组织架构很难真正有效运行。因此，大型房地产企业集团的组织模式普遍处于探索实践中。

人才流失给房地产企业带来一系列的不利影响，主要表现在以下几个方面：

（1）人才流失给房企带来了额外费用。为了补偿职位空缺而招入新员工要花费一定的费用和时间，新招收的人员至少还需要三个月的熟悉、培训和适应时间。由于人才离职造成生产率低下而导致的隐形损失更加难以估计。

（2）人才流失带给房企带来严重危害。管理者的离职，带给房企的是经营理念的中断、团队不稳，甚至是管理层的瘫痪；销售人员的离职，带给房企的是商业机密的外泄和市场份额的流失；技术人员的流失其实就是房企核心技术的流失和在研发项目的中断或夭折。同时，人才流失到同行或竞争对手方面，对房企的危害更是致命性的，核心技术和商业机密尽失，市场被对手所侵占，房企因此就会在和对手的竞争中失去优势。

（3）影响公司员工的心理和房企整体工作氛围。有许多房企发生过这种情况，一位跳槽者带走一批人，到另一家房企去，很快就成为原房企的市场竞争对手。人才离职的"示范"作用会使房企员工心态不稳、士气低落，工作效率下降。这个时候，如果房企的人力资源管理存在缺陷，员工平时情绪积累较严重，就有可能发生员工集体离职潮，祸及房企后方的全盘布局。

第五节 从红海到蓝天：房地产企业危机的识别与反思

如何来应对房地产企业危机呢？可以采用这样一些对策：

1. 注重房地产企业危机管理

危机管理亦称为无缺点管理或末日管理，是一门新的房企管理理论，也是一种应急性的公共关系。这种管理方式要求房企树立危机意识，注意有效地交流、努力消除自身缺点和对房企的不利影响。它以市场竞争中危机的出现为研究起点，分析房企危机产生的原因与过程，探讨预防房企危机的手段和解决对策。

房地产企业危机管理是指房地产企业在经营过程中针对房企可能面临的或正在面临的危机，而就危机预防、危机识别、危机处理和房企运营恢复等行为所进行的一系列管理活动的总称。它是针对房地产企业面临或存在的各种危机进行预防、识别和处理，进行这些行为时应遵循统一性原则、全员性原则、专项管理原则、公众利益至上原则，兼顾多方面，才能综合有效地解决问题。

2. 有效预防房地产企业危机

如何有效预防房地产企业的危机呢？可从以下六个方面入手。

一是树立强烈的危机意识，具体包括三个方面：

（1）决策者要树立危机意识。决策者在做出任何一项决定的时候，需要分析会给房企带来什么样的危害，关注自身的优势、劣势，机会和威胁，并要紧盯威胁，确定这些威胁给房企带来的伤害是暂时的还是潜在的。做到心中明明白白，尽量清楚威胁点，不要含糊地只知道有威胁，但是不明白究竟会造成什么样的威胁。

（2）员工要树立危机意识。构建团队危机意识，也许某个危机是隐藏存在的，但是决策者、房企管理者没有发现，但是房企的某个员工却能及时地发现。要让员工敢于将房企内存在的危机大胆讲出来，哪怕他讲的话严重违反了老板的意愿，哪怕是错误的，中高层管理者都必须认真倾听，并加以鼓励，树立团队的危机意识。

（3）要及时解决危机的意识。在发现危机以后必须及时将还处在萌芽状态的危机解决处理掉。不能采取拖的方式，让其自由发展逐渐扩大。房企的有些危机的出现不是因为发现危机没有及时解决，也不是因为不知道是危机，而是房企放自己因为看重利润或者其他的原因，自己创造出的危机。

二是建立危机预警监测系统。主要包括三方面内容：

（1）危机监测。对可能引起危机的各种因素和危机的表象进行严密的监测，搜集有关房企危机发生的信息，及时掌握房企危机变化的第一手材料。

（2）危机预测和预报。对监测得到的信息进行鉴别、分类和分析，使其更条理、更突出地反映出危机的变化；对未来可能发生的危机类型及其危害程度做出估计，并在必要时发出危机警报。

（3）危机预控。针对引发房企危机的可能性因素，采取应对措施和制定各种危机预案，以有效地避免危机的发生或尽量使危机的损失减少到最小。

三是成立危机管理小组。成立危机项目小组，明确危机处理责任人，搜集危机信息，诊断危机并确认决策方案，执行处理策略，控制危机进一步蔓延。此小组由房企的领导人、公关部、安全、生产、后勤、人事、销售等部门人员组成。

危机管理小组的职责包括：全面、清晰地对各种危机情况进行预测；为处理危机制定有关策略和计划；监督有关方针和步骤的正确实施；在危机实际发生时，对全面工作做指导和咨询。

四是制订危机管理计划。事先拟定的危机管理计划应包括：任命危机控制和检查专案小组；确定可能受到影响的公众；为最大限度减少危机对房企声誉的破坏，建立有效传播的渠道；在制订危机应急计划时，可倾听外部专家的意见；把有关计划落实成文字；对有关计划进行不断演习；为确保处理危机有一群专业人员，平时应对人员进行特殊训练等。

五是做好危机传播方案。危机中传播失误所造成的真空，会很快被颠倒黑白、胡说八道的流言所占据，"无可奉告"的答复尤其会产生此类问题。过时的消息会引起人们猜疑，并导致不正确的报道，使公众怀疑房企对某些信息采取了掩盖手段。因此，有效的传播管理是有效危机管理的基础。

六是建立处理危机的联络网。根据房企可能发生的危机，与处理危机的有关单位建立联系，形成网络，以便危机出现后能及时有效地沟通和合作。这些单位包括：新闻媒介、医院、消防、公安部门、相关科研机构、保险公司、兄弟单位等。事先让他们了解可能出现的危机以及可能寻求的帮助。

3. 危机发生后处理时遵守的程序

当房企内发生危机后，中高层管理者处理危机时遵守的程序可分为以下六个环节：

第一，成立危机管理小组，视情况设置危机控制中心。

第二，深入现场，掌握第一手情况。

第三，了解公众的情绪和舆论的反应，要尽可能多地、全面地掌握有关信息。

第四，分析信息，确定对策。在掌握危机第一手的情况下，了解公众和舆论的反应基础上，深入研究和确定应采取的对策和措施。

第五，组织力量，落实措施。这是危机管理中心环节，公众和舆论不仅要看房企的宣言，更要看房企的行动。

第六，总结检查，公布于众。这是危机管理结束阶段必不可少的工作。有些重大事故也可采取谢罪广告的形式在报上刊登，表明房企敢于承担责任，一切从公众利益出发，认真做好善后处理工作。

4. 房地产企业危机的善后工作

危机的善后工作主要是消除危机处理后遗留问题和影响。危机发生后，经过分清责任、经济赔偿等善后工作后，还有心理上的影响和房企形象的影响。这些危机滞后影响绝不是一朝一夕可肃清的，要靠一系列危机善后管理工作来挽回影响，如果危机善后工作处理得好，可以广泛建立房企与社会各界的良好关系，增进彼此的了解和沟通，获得相关公众的理解、谅解和支持，借助危机处理提高知名度的同时，扩大房企的美誉度。

总之，对于房企中高层来说，今天的危机管理不再仅仅局限于处理突发性事件，而注重挖掘房企管理的深层次原因日渐成为房企管理过程中必不可少的组成部分。

第五章

给晋升找个"理由"

——房地产中高层管理者的自我提升意识

对于中高管理层而言，每个企业设置的岗位都是不同的，积极的管理者会给自己设定一个向上的目标，让自己不断提升。

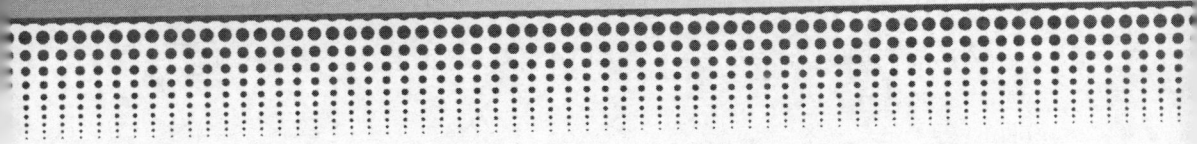

第一节　学习力就是竞争力

有个警察在大街上发现了一个小偷，想去抓他，小偷拔腿就跑，警察随后便追，从城里追到城外。

警察一边追一边想：自从我做警察以来，从来就没有任何一个小偷能从我的手中溜掉。小偷一边跑一边想：自从我做小偷以来，从来就没有被警察抓到过我。于是，警察和小偷展开了马拉松式的比赛。不知跑了多久，小偷终于被警察抓到了。

小偷对警察说："我不服！"警察问为什么不服，小偷说："因为我在前面跑，你在后面追。如果你在前面跑，我在后面追，也能追上你。"

警察一听非常生气地说："不可能！"小偷说："不信就试试！"于是警察飞快地跑了起来，小偷假装在后面紧追，警察跑得越来越远，小偷便乘机溜掉了。

这个警察在奔跑中忘记了自己追小偷的目的和初心了，我们有时是不是也犯了像这个警察一样的错误呢？

两千多年前，孔子在《论语》中说的第一句话就是"学而时习之，不亦说乎"，这句话讲的是学习。为什么？因为孔子当老师的目的，就是为社会培养管理者，同理，房企管理者最重要的能力之一正是学习力。

关于管理者的能力，比较有影响力的一种说法出自管理学者罗伯特·卡茨。他说：管理者有三大能力，分为技术能力、人际能力和概念能力，但他没有说清楚这三大能力怎么得来。而技术能力和概念能力主要通过学习得以提高，房企管理者的最重要的能力是学习力。

因此，房企中高层管理者重要的任务之一是学会"如何学习"。孔子的"学而时习之"尽管只有短短五个字，已经为房企管理者总结出学习的两大原则：

1. 学习是实践

"学而时习之"的"学"不仅指口头上的诵读，更指行动上的效仿。孔子当年要学生学的不仅是诗书，还包括礼、乐、射、御及为人、治国之道。这是面向人生、面向社会的"学"，目的是付诸实践。

"习"不是温习、复习，而是实习、实践。钱穆说："孔门之学，皆由真修实践来。"习不仅是学的目的，也是手段，房企管理者也应在实践中学习。

2. 实践要适时

"学而时习之"中的"时"，指的是"在适当的时候"。学习不仅是实践，而且得是适时的实践。这有两个具体要求：一是在适当的时候付诸实践，这是学的目的。二是在不适当的时候不要盲目实践。学习中如果违反这两个要求，难免会落入学习的两个陷阱——学而不习或学而乱习，这是房企管理者要注意避免陷入的误区。

第二节 升职后如何承担新角色

升职是一件让人激动又很有挑战的事，努力工作得到了回报，但压力也会随之增大，若想在公司有个很好的发展，不断得到提升，充满自信地不断努力工作是重要的，但是对重要的事情有清醒的认识，又能够在事情出现问题之前采取行动是更为必要的。

许多的管理培训课里经常会讲这方面的案例，目的也是帮助中高层房企管理者学会在商业环境中如何管人、如何成功。

小蝉在这家房地产公司的市场部已做了三年，昨天被正式提升为公司市场部的经理，这是一件很让人开心的事，因为对小蝉来说，这一直是她的一个梦。可看着同事一个个道贺后便离去的背影，她的心底有些疑惑了：作为中层领导，我该如何与旧日的同事或朋友相处呢？我该以怎样的姿态承担起新的责任？

的确，由于角色的不同，我们将不得不面对一些与平日不同的情形，但有一些游戏的规则或是前人的经验还是有用的，这里提几点建议，或许对房企管理者升职后的角色转变有所帮助。

1. 向过去告别

尽可能把前一个职位上进行的项目处理完，把整齐的、刚做过更新的文档留给接替工作的同事，顺利的交接是开始新的工作的前奏。

2. 建立良好的工作联系

有针对性地了解一下新同事和即将为你工作的人，弄清他们的责任所在。

3. 用人所长

对于比你年长的员工，要尊重他们的经验和知识；对于新员工，要找到合适的激励办法，并帮助他们制定目标。

4. 不要过分陷于琐碎的事务

如果说普通的员工需要在细节上多下些功夫的话，那么升为高管后更应该关注的是结果。你会有更多的事要花时间处理，所以分派任务成为一项很重要的工作。

5. 对房企的文化要敏感

新官上任之后，对原有的业务流程会有修改的冲动，但在对房企的环境有更准确把握之前不要轻举妄动。

6. 培养公平和持久的管理风格

对人的管理要平等，即便有些人可能是老朋友，或者有人是你过去很不喜欢的人。

第三节　做好自我发展和规划管理

在职场上，得到升职加薪的机会是每个人梦寐以求的事情，也标明你在职业生涯规划发展过程中迈出了非常重要的一步。但是，需要提醒你的是，先不要高兴太早，因为你正面临着一场升职"后遗症"。

因为职场上同事与同事之间的关系十分微妙，表面上相互合作的同事客客气气，而你一旦升职了，被提拔到房企高管的位置，就成了昔日并肩战斗的兄弟姐妹们的上司！此时，难免会有同事认为你仿佛是踩着他的肩膀上去的，你坦诚相待，他以为你软弱可欺；你以心换心，他说你虚伪。你可能觉得委屈，但你首先要做的是尽快用你的真情去换回同事的信任和好感。

因此，得到升职的机会后不要高兴太早，需注意以下四点：

1. 虚心待人，切莫张扬

升职以后，同事们都会暗中注意你的一举一动，考察你的一言一行。这时他们显得格外挑剔，好像非要找出毛病来他们心里才能平衡。别担心，只要你坦坦荡荡，谦虚待人，一定会度过他们的"考验期"的。

2. 近君子，远"小人"

升职以后，你可以有选择地同一些同事、朋友们来往，做到近君子、远"小人"。这里所说的"小人"，是指在事业上不会对你有任何帮助、只是单纯的玩伴的那种同事。

李志提升为部门的经理后，为了显示他没有"升官脸就变"，每天下班后仍是和旧日哥儿们喝酒、玩牌。在单位里，也和那些酒肉同事称兄道弟，亲热异常。李志的做法令上司很不满意，上司认为这样"不思进取"的人是很难再次得到提升的。

3. 以柔克刚，以心换心

同事中难免会有妒忌你的人，这些人可是你的隐患，一定要小心翼翼地处理或清除这些随时可能爆炸的"炸弹"，千万不能让他们对你造成危害。对于妒忌你的同事，最好适度远离，不要正面交锋，以免触痛他敏感的自尊心。

4. 以理制人，该断则断

有的人在你提升后就是要和你势不两立，你做出成绩，他嗤之以鼻；你以心换心，他又说你虚情假意。对于认为你得到提升就是你最大的错误的这类人，不要客气，跟他们一刀两断吧。

第四节　提升自我时间管理的能力

有效的个人时间管理必须建立在对生活的目的加以确立的基础上。先去"面对"并"发现"自己生活的目标在何处，问问自己：我为什么而忙？我到底想要实现什么？完成什么？接下来要求自己"凡事务必求其完成"，未完成的工作第二天又会回到你的桌上，要你继续修改、增订，因此工作就等于再做一次。不管有没有再拖下去，订单的退件率、客户的抱怨很可能因拖沓随之而来。

张经理在早上上班的途中就已经决定，一到办公室就着手草拟下一年度的部门预算。

上午9点整，张经理准时走进办公室，由于觉得到财务部门取数据比较麻烦，暂时不想拟草案，于是就开始整理办公桌，以建立以身作则的形象。张经理去扔垃圾的时候遇到了总裁办公室的秘书小王。小王问道："老总正在找财务部李经理，您看到李经理了吗？"张经理回办公室后又给李经理打电话，告知老总正找他。

9点30分，张经理花了30分钟把办公室整理得有条不紊。他想休息一下，随手掏出一支烟。无意中看到昨天没翻完的报纸上的图片很吸引人，于是情不自禁地拿起报纸来。

当把报纸放回报架已经10点半了。他稍觉心安，正襟危坐准备开始工作。就在这时，一位客户打来投诉电话。张经理连解释带赔罪地花了20分钟，才让客户平息了愤怒。上个卫生间回来，他又加入了办公室同事的"上午茶"。

10点50分，回到办公室后的他果然精神焕发，满以为可以开展工作了，一看表已经10点50分！距离开部门联席会议只有10分钟，于是决定将草拟的工作留待明天。

正准备锁门时，接到来出差的高中同学电话，说中午设了饭局，请他务必参加，并请他帮买返程的机票。张经理答应了买机票的事，正在犹豫是否赴宴时，同学说："中午12点半，××饭馆见。"他糊里糊涂地就答应了，最后锁上办公室的门朝会议室走去。

张经理的半天工作就结束了。

从案例可见，张经理这半天的工作内容实在不能以量化的指标来衡量，由于不善于做时间管理，导致计划中的工作无法完成。

时间对任何人而言都是重要资源，对管理者更是珍贵，然而在环境的压力下，一般人常会放弃自己岗位上应做的事，而去解决一些突发状况或干扰最大的事，结果把生活步调弄得天天都在应付突发的紧急情况，无形中牺牲了许多生活及工作中的乐趣及享受。

你是否有时间管理不良的征兆？自查以下这些问题：你是否同时进行许多个工作方案，但似乎无法全部完成？你是否因顾虑其他的事而无法集中心力来做目前该做的事？如果手头工作被中断你会特别愤怒？你是否每夜回家的时候累得精疲力竭却又觉得好像没做完什么事？你是否觉得老是没有时间运动或休闲，甚至只是随便玩玩也没空？

对这些问题，只要有两个回答"是"的话，那你的时间管理就出了问题。良好的时间管理可以使生活步调有节奏感，提高工作效率，增加满足感及成就感，对工作的进展也较能掌握。

时间管理可遵循下列一些简单的原则：设定工作及生活目标，并分别其优先次序；每天把要做的事列出一张清单，执行工作时应按既定之优先次序安排；常思"现在做什么事最能有效地利用时间"，然后立即去做；把不必要的事丢开；每次只做一件事；做事力求完成；立即行动，不可等待、拖延。

最后，要善用一些手册、日记本、桌历、月历或其他记事簿、电话地址簿等工具来协助自己做好时间管理。能有效掌握时间的管理者，必然也是优秀的房企管理者。

第六章

关注员工的未来

——房地产中高层管理者要有意培养下属

员工是企业发展的动力所在，如果员工几十年如一日都停在原地不动，对企业的发展是非常不利的。社会在发展，知识在更新，员工也需要不断提高自己。作为管理者，要为员工提供培养的平台，帮助他们获得新知。

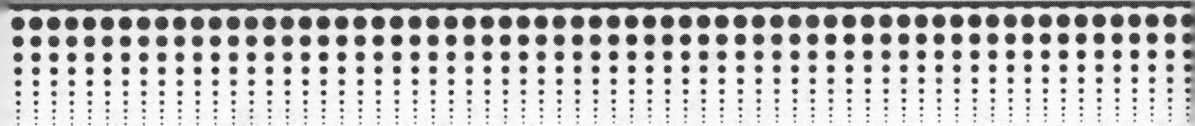

第一节　正确认识自己作为导师的角色

如果把企业比作运动场，那员工就是运动员，中层管理者就是教练。员工只做事不做人，管理者既要做事又要做人。因此，管理者必须扮演好教练的角色，努力带出高水平的运动员。

一般来说，中层管理者需要对下属的工作能力提出质疑，当你感到下属的能力不足以应付工作的挑战时，就要好好调整一下自己的指导计划，不要把员工的低效怪罪于人力资源管理部门或者没有安排专门的培训，要知道员工的工作能力70%是在直接上司的训练中得到的。

教导可以督促员工改变自己的不良行为，比如旷工、迟到、随便请假等，是管理工作中一个不可缺少的方面。那么，如何教导员工才能收到预期的效果，而不至于使情况变得更坏或招致员工不满呢？

1. 让员工知道组织的行为规范

作为管理者，在对员工的违规行为进行教导之前，应当让员工对组织的行为准则有充分的了解。如果员工不知道何种行为会招致惩罚，他们会认为教导是不公平的，是管理者在故意找茬儿。因此，为组织制定一个行为规范并公之于众，是至关重要的。

2. 教导要讲求实效性

如果违规行为与教导之间的时间间隔很长，教导对员工产生的效果就会削弱。在员工违规之后迅速地进行教导，员工会更倾向于承认自己的错误，而不是替自己狡辩。因此，管理者一旦发现违规行为，要及时地进行教导。当然，注意及时性的同时也不应该过于匆忙，一定要查清事实，公平处理。

3. 教导要讲求一致性

如果以不一致的方式来处理违规行为，规章制度就会丧失效力，打击员工的士气。同时，员工也会对管理者执行规章的能力表示怀疑。在教导员工的时候，应该在坚持原则的前提下，具体问题具体分析。对不同员工进行不同的教导时，应当使人相信这样的处理是有充分根据的。

4. 教导必须对事不对人

对员工的行为进行教导是因为员工的行为触犯了规则，因此教导应当与员工的行为紧密联系在一起，而不是与员工的人品联系在一起。

要时刻记住，你教导的是违规的行为，而不是违规的人。教导之后，管理者应当像什么都没发生一样，公平地对待员工。

5. 提出具体的教导理由

对员工进行教导时，首先应当清楚地向员工讲明：在什么时间内，什么地点，什么人，实施了什么行为，违反了什么规定。然后给员工一个辩解的机会，如果管理者自身掌握的事实与员工所述差距很大，应当重新进行调查。

同时，仅仅引证公司的规章制度还不足以作为谴责员工的理由，因为这样他们往往认识不到自己的错误，而是抱怨组织制度的不合理性。正确的做法是向违规者讲明违规行为给组织带来的损失，比如，迟到会增加别的员工的工作负担，影响整个组织的士气，导致组织的任务不能及时完成等。

6. 以平静、客观、严肃的方式对待员工

教导是基于权力之下的一种活动。管理者在进行教导时必须平静、客观、严肃地进行，以保证教导活动的权威性。教导不宜用开玩笑或者聊天的方式来进行，同时，也不能在教导时采取发怒等情绪化行为，这同样是不严肃的。教导是为了让员工改变行为，而不是吵架。

第二节　培养下属与接班人

领导一个企业和领导一个国家的道理是相通的。从"成也孔明，败也孔明"的历史经验教训中不难看出，企业管理者的首要任务就是未雨绸缪地培养出优秀的接班人，这是确保企业基业常青的百年大计。那么，管理者应该如何发现、培养、锻炼自己的接班人呢？

1. 制订接班人培养计划

杰克·韦尔奇说："花十年的工夫培养一个合格经理的时间不算长。"可见，企业的接班人的培养是漫长的"十年一剑"的过程，必须高瞻远瞩，提前筹划，做好计划。

一般来讲，接班人计划由以下两个环节组成：

第一，确定接班需求。根据企业发展战略，要明确企业在未来的发展中需要什么样的接班人，需要多少接班人，应该建立一个怎样的接班人储备库，各个层级的接班人如最高接班人、高层接班人、中层接班人、关键岗位接班人等，以及应该怎样形成一个互补、互动的接力接班

链条。万科的董事长王石选接班人的标准有三个：其一，这个人一定在公司里做过相当长的时间，对公司很了解；其二，有某些方面的专长；其三，这个人要有很强的包容性。他可以不懂地产，但必须懂如何带领一个团队。

第二，盘点人才状况。根据接班人的素质标准要求，认真筛选、考察现有人才的基本状况，如个人简历、业绩记录、工作经验、教育背景以及职业兴趣等，在此基础上制定接班人储备库。在评价人才素质的时候，对每个后备人才的价值观的判断很重要。

2. 形成接班人制度

接班人的制度是接班人顺利产生、成长、接班的基本土壤和条件，在接班人的问题上没有一个明确的说法和规矩，必然造成无章可循，管理者凭感觉、凭喜好、凭关系亲疏或心血来潮选定接班人，势必影响接班人的质量，也极易造成内部权力争斗，产生内耗，甚至危机企业的命运。

香港传奇家族企业李锦记从1888年创立起，至今已经传到了第四代，企业仍在健康发展，挑战了家族企业"富不过三代"宿命规律，这与李锦记建立良好的接班人制度是分不开的。

3. 多管齐下，全面培养

一个卓越的未来管理者必须经历市场风雨的洗礼、锻炼甚至磨难，这是担当百年基业大任不可或缺的炼狱过程。可以说，培养接班人既是对接班人能力和毅力的严峻考验，也是对管理者智慧和胸怀的严格检验。

第三节　培养下属的三种有效途径

⊙ 机会教育

机会教育是指针对下属随时出现的问题予以现场指导，它是培养下属的一种有效方法。如果下属哪个地方做得不对、做得不好，你必须及时纠正他的错误并督促他在以后的工作中改进。

管理者的作用宛如排兵布阵，行军打仗。要带好自己的队伍，不讲究策略是不行的。因此，在对下属进行机会教育需要把握好技巧。

中层管理者对下属的工作指导的内容非常广泛，涉及工作全过程，涵盖方方面面，特别是市场竞争程度加剧和社会进步速度加快，如何指导好下属的工作对管理者的要求也越来越高。

管理者要及时发现各下属的工作状态，观察他们的长处和短处，据此制定相应的指导方案。指导下属的工作也是为了更好地提高工作效率，那么管理者如何有效指导下属的工作呢？

1. 对工作目标进行指导

要根据公司总体奋斗目标，确定部门的工作目标，并分解各个工作岗位，由下属层层落实，对下属的工作目标进行指导，使上下目标有分有合，浑然一体，确保总目标和分目标都能得以实现。

2. 对思想进行指导

在公司或部门内部树立模范典型，积极宣传他们的模范事迹，用积极向上的思想来引导下属，增强他们奋发向上的内在动力和自觉性；要及时地把最先进的管理经验理念灌输给下属，让下属在公司的生产经营管理中得以贯彻。

3. 对公司政策进行指导

要根据公司的发展远景目标和确定的政策，既要模范地执行政策以影响下属，还要指导下属从实际出发，创造性地把公司的政策在本部门内落到实处。

4. 对各工作方法进行指导

管理者要潜心研究工作方法，并经常教育下属注意学习和总结工作方法的规律性，使其在实践中能够形成有自己特点的一套工作方法。不仅要向下属推广行之有效的科学的工作方法，还要注意下属的不正确或不科学的工作方法，一旦发现要及时纠正，这是非常重要的管理职能。如果控制得及时，很多问题就可以消灭在萌芽状态。

另外，对下属实施指导之后一定要跟踪和确认结果。对于做得好的下属要给予鼓励，对尚未达到标准的下属要及时进行反馈和指导。

⊙ 即时激励

对部门负责人来讲，员工干得卖力、干得有成效，更多时候要去表扬，要去鼓励。

有一家企业评优的方式很简单，领导不出面，完全由员工自己评。董事长、总经理来参加Party或颁奖晚会，可能就坐在某一个角落里面，他们不是主要的角色，评选活动跟他们没有直接的关系，主要是人力资源部在组织，主持人也不见得是什么重要的、有头有脸的人，员工喜欢谁，谁就可以当主持人。

某次晚会开始了，主持人说："各位同人，今天我们颁奖晚会正式开始。市场经济百舸争流，万马奔腾，在这个季度，我们公司涌现了两匹'黑马'，小王跟小赵，销售业绩一飞冲天，下面我们颁发'黑马奖'，有请小王、小张经过红地毯到前面来领奖。"

红地毯铺得很长，员工都在旁边看，小王、小赵在众人瞩目下从红地毯的一边走到主席台。走到前面，主持人先给他们各自戴一个花环，像国家元首授奖一样，那种荣誉感立即就上来了。

主持人说："小王，这个季度做了八千万元，下个季度有什么想法？"

又走红地毯，又挂花环，小王被热烈的氛围感染，脱口而出："下个季度，怎么也能弄一个亿啊！"

这种荣誉激励是每个人都是需要肯定的，要尽可能把它扩大化。

仅靠绩效、薪酬是远远不能达到激励的效果。要培养好自己的下属，还应深究激励的一些技巧。比如，如何去肯定下属工作的价值，以激发员工内在的主观能动性。你的赞扬、你的微笑必须设定一个标准，站在公平的立场上，让下属知悉工作的方向、工作的使命。

⊙ 参与式管理

参与式管理崇尚的是一种双向的互动管理模式。管理不是单纯地管理行为，更不是颐指气使。管理者更应该是一种教练、辅导员的角色，让每一位成员都积极参与进来、集思广益，取长补短，并多尊重他们的意见，多体贴他们的生活。若下属在参与管理中出现了一些小错误，也不该严厉地去批评他，以建议及商量的口吻效果会好得多，也能增强他们参与的积极性。

在员工的职业生涯中，归属感是影响其职业走向的一个重要因素。通常，员工的归属感来自于公司为他们提供的机会及完成任务后对他们的认可。因此，管理者要注意去满足员工的这种归属感，让员工体会到自己的主人翁地位及价值所在。

要让部属体会到这一点，一个重要的措施就是要让他们参与到部门的规划与决策中去，让下属去献言献策，对于合理的建言要大胆予以采用。这样才能调动员工的工作积极性与主人翁精神，进而打造出上下沟通顺畅、内部协调到位的一流战斗团队。

雷神公司在核潜艇配套设备生产上享有盛誉。在一次订货工程合作中，当完成第二批订货的时候，公司技术部对仓库中即将装运的设备进行了最后一次预检，结果出现了严重的质量问题。技术人员发现有一件设备的主机动力线被剪断了，这种设备是准备装在核反应堆附近的，稍出差错将会带来无可挽回的惨重后果。

技术部立即封存了这批订货，并将情况详细地向总裁作了报告。对于这样的事故，常规处理方法是将设备转移到安全地区予以全部拆毁。但如果这样做，不仅会失去抓获嫌疑犯的线索，公司的信誉也将会毁于一旦。

总裁当即决定召集全公司员工，把问题公之于众，征求大家的意见，谋求最完善的解决办法，总裁向他们说明了公司面临的危机："伙计们，如果我们不能顺利度过这场劫难，不止你们，包括我全都会流落街头，到贫民窟去寻找我们的立足点。这个棘手的问题关系到公司上下万名员工的共同利益，我没有权力独自做出决定，所以把你们召集起来，就是要寻求一个两全其美的办法，来保住公司的信誉，保住你我的饭碗。好了，大家努力吧。"

在这次危机事件的处理上，小组组长把处理问题的权力充分下放，让每一名员工有机会提出自己的意见和建议。据事后统计，在危机处理过程中，员工提出的并得以实施的合理化建议居然多达一万多项，它的适用性和价值甚至超过了董事会对此做出的预期，这些建议最终也很好地化解了公司的危机。

雷神公司危机的顺利化解，可以说是让员工参与规划与决策的结果，也是集体智慧的结晶和团体协作的结果。

其实，在国内外的许多企业中，强调员工参与成了一种形式，即使员工提出了合理化的建议，也得不到真正地贯彻与执行。所以，部门经理要想发挥每一个下属的特长与潜力，实现民主式的管理，就要像雷神公司一样让员工大胆地献计献策，并将其中合理的建议予以采纳。这样不仅能减少部门经营管理方面的失误，还能增强下属的主人翁意识，调动下属的工作积极性，可以说是一举两得。

因此，通过上述案例，聪明的管理者应该加以借鉴，并注意有的放矢地改变自己不当的工作方式，要相信下属的能力，充分地去挖掘他们的潜力与聪明才智，帮助其为部门的成长与发展壮大做出他们自己的贡献。那么，怎样才能让下属参与到部门工作中去呢？

1. 给下属提供一个施展才华的舞台

要相信自己的员工是最棒的，他们都是才华横溢的，只是没有合适的表现机会与实战途径，作为管理者，应该当仁不让地为他们搭建起一个展示其才华的舞台。它可以是部门会议、内部讨论，也可以是下属与经理之间一对一的交流，只要是有助于提升部门工作效率的措施，都应该大胆去采纳。

2. 鼓励下属积极参与到部门规划与决策

增强下属的自信心，鼓励下属积极参与到部门规划与决策。工作中去如果部门经理能够经常给员工以鼓励，那么他们就能更好地认识自我，充分发挥出自己的积极性与主人翁精神，为整个部门的工作献言献策。

3. 对于员工的合理化建议，坚决实施

如果下属对于部门规划与决策一而再，再而三地提出了合理化建议，而经理却只是流于形式，最终并不予以实施，将会极大地挫伤下属员工的积极性。对于下属的合理化谏言，只要是有助于促进部门工作的，就要大胆地予以实施。

4. 将员工提出的合理化建议纳入考核

要想充分调动员工谏言的积极性，就应该给予相应的鼓励措施。如可以将员工在部门规划与决策中所起的作用与所提出的建议纳入对员工的综合考核之中，对于其中的优秀者给予相应的奖励，并将之作为员工晋升的衡量因素之一。

第四节　绩效管理在培养下属中的应用

有一天，你的一位下属在办公室的走廊与你不期而遇，下属停下脚步问："经理，有一个问题，我一直想向你请示该怎么办。"此时，下属的身上彷佛有一只需要照顾的"猴子"，接下来他如此这般将问题汇

报了一番。

尽管你有要事在身，但还是不太好意思让急切地想把事情办好的下属失望。你非常认真地听着……慢慢地，"猴子"的一只脚已悄悄搭在你的肩膀上。

你一直在认真倾听，并不时点头，几分钟后，你对他说这是一个非常不错的问题，很想先听听他的意见，并问："你觉得该怎么办？"

"老板，我就是因为想不出办法，才不得不向你求援的呀。"

"不会吧，你一定能找到更好的方法。"你看了看手表，"这样吧，我现在正好有急事，明天下午四点后我有空，到时你拿几个解决方案来我们一起讨论。"

告别前，你没有忘记补充一句："你不是刚刚受过'头脑风暴'训练吗？实在想不出，找几个搭档来一次'头脑风暴'，明天我等你们的答案。"

"猴子"悄悄收回了搭在你身上的那只脚，继续留在此下属的肩膀上。

第二天，下属如约前来。从脸上表情看得出，他似乎胸有成竹："老板，按照你的指点，我们已有了五个觉得还可以的方案，只是不知道哪一个更好，现在就是请你拍板。"即使你一眼就已看出哪一个更好，也不要急着帮他做出决定。不然，他以后对你会有依赖，或者万一事情没办好，他一定会说："老板，这不能怪我，我都是按照你的意见去办的。"

改善员工的绩效，是每一个管理者都面临的挑战。下面我们给出一些体会和建议，希望对管理者们有所启发。

1. 用人所长

员工绩效不好，经理常常从员工身上找原因，其实，还应该反省一下经理自己在人员的使用上是不是存在问题，有没有用其所长，发挥出员工的特长。如果用人不善，很难取得好的绩效。要取得好绩效，用人所长是第一。

不要安排一条狗去爬树，然后又去责怪它爬得不好，因为狗并不擅长爬树，即便是一条优秀的狗，也很难把树爬得很好，而应该检讨我们自己是否应该安排一只普通的猫去爬树。

2. 加强培训

通过培训可以改善员工的绩效，进而改善部门和整个组织的绩效。这里需要指出的是，并不是当公司出现问题的时候才安排培训，也不是只对那些公司认为有问题的员工实施培训。或者像有些公司那样只对优秀的员工才培训。其实，公司的培训应该依据企业需求，长期的、持续的、有计划地进行。

3. 明确目标

有没有清楚地告诉员工，他们的工作结果应该是销量第一？还是服务第一？还是利润优先？或者是三者兼顾的？如果员工没有明确的工作目标，通常会比较迷惑、彷徨，没有方向感，工作效率当然会受到影响，同时，由于员工没有得到明确的目标指引，员工的努力方向同公司所希望达到的结果难免有所不同。

4. 建立绩效标准

清晰的绩效标准可以让高绩效的员工有成就感，知道自己已经达到或者超出了公司的要求，这种成就激励的效果对层次较高的管理者或专业人士非常明显。

清晰的绩效标准可以使没达到标准的员工有一个努力的目标，知道自己同其他人的差距，从而激发工作干劲，努力完成工作指标。注意，清晰的绩效标准必须成为公司薪酬发放的依据，才能保证激励的有效性。

5. 及时监控绩效考评

考评周期可以是一个月、一个季度或者一年，但是监控应该是随时随地进行的。监控不及时，部门管理者当然不能获得全面、客观的第一手资料。很容易导致考评之前争表现的现象发生，使"聪明人"钻空子，使考评结果不公平。

6. 及时反馈考评结果

绩效考评刚刚出结果的时候正是员工对绩效问题最关心的时候，也是思考最多的时候。这个时候反馈效率高，员工比较投入，效果好，并且利于对一些出现的问题进行及时改进。

如果过了这个时期，考评者和被考评者都已经把考评的事放在一边了，效率一定降低；同时，员工会对公司的考评产生不良印象，会认为公司也不重视考评。由于其他工作已经展开，考评反馈也会占用工作时间，对其他工作难免会带来不良影响。

7. 帮下属找到改进绩效的方法

当发现下属的绩效不好时，部门领导仅仅告诉他"你的绩效不够理想"是不够的，重要的是应该指出他绩效不好的原因是什么？改进的方法有哪些？

业绩不好的下属一般自己也很着急，但是，苦于找不到原因，也不知道如何改进。问自己的同事担心别人认为自己无知、没面子；请教经理又害怕由于业绩不好挨批评。这时候，做经理的应该主动找到他们，同他们一起分析业绩不佳的原因，并且帮助他们找到改善的方法；同时，如果有可能得话，最好提供相应改善的机会和一定的资源支持。

8. 给出改进的最后限制

对于长时间工作绩效不佳的下属或者来公司不久表现不佳的新员工，通常人们较多采用的方法是将员工辞退。果断地辞退低绩效员工没有错，不过辞退之前可以再给他们一次机会。比如，明确告诉他，公司再给他一个月的时间，他的绩效必须达到公司的要求，否则，请另谋高就。

这样做，除了可以避免重新招聘本身带来的成本和风险，还有另外两个好处，一是我们对辞退的员工做到了仁至义尽，他离开企业后也不会因为解雇不善导致诋毁公司等情况发生。另外，对留在企业的其他员工也是一个信号：公司对待员工是仁至义尽的，但是工作不努力真的可能会失去工作。

第七章

思路决定出路
——房地产中高层管理者的目标计划管理

有了目标就有了前进的动力，房企的管理者在工作中也需要给自己设定一个目标，做好目标计划的管理，工作起来就会游刃有余。如果整天都眉毛胡子一把抓，不仅会把自己搞得很累，还会降低工作效率，严重者还会将自己从管理的岗位上赶下去。

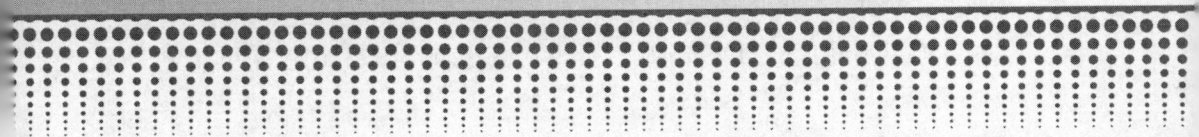

第一节　　"指导力"决定"执行力"

有的房企认为自己的问题是本身思路很好，就是团队执行力弱，怪就怪找不到自己所需要的人才。而换位思考下，部队征兵对象起初全部都是对军事一窍不通的年轻人，一转眼新兵连一过，每个新兵都变得非常强悍、有战斗力，为什么？因为这个世界不缺人才，缺制造人才的方法；也不缺产品，缺的是让产品赚钱的方法，也就是指导力。军队能有高效的执行力，前提是有强悍的指导力。

一个优秀的房企管理者一定不能以超然的单纯管理者自居，相反，他应是一个高度关注执行过程、切实指导执行方法的"指导者"。一味抱怨下属执行力太差，只能说明管理者对执行的指导力太差。并且，从因果关系上来说：指导力决定执行力，指导力比执行力更重要！

在实际管理中，执行力也是上司激励下属时最常用的名词之一，但不要忘了，执行力的高低从来不只是源自员工信念的强弱；相反，面对不同信念的人，管理者应该施加不同方向、不同程度的指导，指导下属去寻找执行的规律、深化执行的方法、接近执行的目标。

执行力离不开指导力的支撑。由于职位的影响力，上司也比下属更能发现和解决实际执行过程中存在的较大隐性障碍，有些困难在下属看来甚至是不可逾越的。由于事实上的上下级关系，上司和下属之间在公司内部已经形成事实上的"传、帮、带"关系，而这种关系是其他部门的人包括间接上司都不愿意或者很难介入的，所以作为直接上司，指导力又成了一种指导职责，换句话说：房企管理者不指导，谁来指导？

1. 沟通

沟通是理解和执行的前提。这里有一个很通俗的概念，即SMART原则：S——Specific，目标必须是具体的；M——Measurable，目标必须是可以衡量的；A——Attainable，目标必须是可以达到的；R——Relevant，目标必须和其他目标具有相关性；T——Time-based，目标必须具有明确的截止期限。

有好的理解力，才会有好的执行力。良好的沟通是成功的一半。通过沟通，群策群力、集思广益可以帮助下属在执行中分清战略的条条框框，适合的才是最好的。通过自上而下的合力可使房企执行更顺畅。

2. 协调

协调是手段。好的执行往往需要一个公司至少80%的资源投入；而那些执行效率不高的公司资源投入甚至不到20%，中间的60%就是差距。

一块石头在平地上只是一个死物，而从悬崖上掉下时则可以爆发出强大的冲力。这就是集势——把资源协调调动在战略上，从上到下一个方向，可以达到事半功倍的效果。

3. 反馈

反馈是保障。执行的好坏要经过反馈来得知，反馈的方法有市场被动反馈或者市场主动调研，反馈得来的结果可以用具体而细致的数据展示出来。同时，管理者可以从数据形成的曲线中了解产品销售走势或市场占有率等情况，以趋利避害。

4. 责任

责任是关键。机构的战略应该通过绩效考核来实现，而不只是单凭道德或自觉因素来考察。

第二节　面对目标，凡事多问几个为什么

在工作中，每一个人都会遇到各种各样的问题。简单的问题可能会轻而易举地解决，而对于较为复杂的问题，要想得到很好的答案则不是容易的事。但是，遇到问题不能够拖延也不能放弃，而是要抓住已有的线索，追根问底，多问几个为什么。只要你善于发问，善于思考，问题最终就能得到解决。

房企的管理工作是一项庞大而又复杂的工作，部门领导经常会遇到这样或那样的问题。对房企管理者来说，就需要经常研究问题，要比其他人更加具有一种好问的精神。

一次，通用汽车公司黑海汽车制造厂总裁收到一封客户奇怪的来信。这位客户抱怨，只要他从商店买回香草冰激凌回家，他新买的黑海牌汽车就启动不了，但买其他种类的冰激凌则不会出现这样的情况。

有的人认为问题不在车子本身，可能是香草冰激凌的原因。黑海厂总裁也对这封信感到迷惑不解，也想不出什么样的好办法，但还是派了一名工程师前去查看。当晚，工程师就随着这个车主去买香草冰激凌，返回时车果然启动不了。工程师不得其解，回去向总裁汇报，确定问题

属实，但是一时还不能确定是什么原因。

在总裁的嘱托下，工程师随着车主一连两个晚上都去买冰激凌。车主分别买了巧克力冰激凌和草莓冰激凌，结果车子都能够照常启动行驶。但第三个晚上买香草冰激凌时，车子又和往日一样，出现了发动机熄火的情况。

尽管工程师没有找到真正的原因，但他确定绝对不是车子对香草冰激凌过敏，而这一结论也引起了总裁以及通用汽车制造厂的关注。于是总裁要求工程师加倍努力，一定要找出问题的原因。在几次随车主外出的过程中，工程师都对日期、汽车往返的时间、汽油类型等因素做了详细的记录。

最后工程师终于发现了一些关键的线索：这跟买冰激凌所花的时间长短有关系，冰激凌口味只是一个偶然的因素。因为香草冰激凌是最受欢迎的一种冰激凌，售货员为了方便顾客，就直接把它放在货架前，买主如果需要的话只用最短的时间就能买到，而这个时候汽车的引擎还很热，不能够使产生的蒸汽完全散失掉。而买其他远离货架的冰激凌则需要更多的时间，汽车可以充分冷却以便启动，所以结果就是：买其他的冰激凌汽车就能启动，而香草冰激凌就不行。

那么，车子为什么停很短时间就启动不了呢？经过工程师进一步的调查研究发现，问题出在一个小小的"蒸汽锁"上。尽管这是一个很小的细节，技术难度也不大，但是却影响了客户的使用。经过反复思考，工程师终于解决了这个问题。

解决问题时，要有一种追根究底的精神，多问几个为什么。这是一种非常有效的工作方法。只要有这种做事的精神和态度，每个问题都能水落石出。遇到问题，不投入时间、精力、物力去努力地研究、冷静地思考，而是浅尝辄止，只给出"可能或不可能"的简单结论，再小的问题得不到解决。

房企管理者必须学会问为什么，遇到问题一定要多想一想怎么办才最好。只要遇事多问几个为什么，找到问题的真正根源，针对根源采取相应的措施，问题也就迎刃而解了。只有从根源上把问题解决掉，此后问题才不会再重复发生。

现在，有很多大房企的管理者缺乏一种对问题追根寻底、多问几个为什么的精神。反思对待问题的态度和处理方法，大多数人都是一些想当然的自以为是，这就无怪乎世界上优秀的人和房企总是少数，平庸的管理者和企业很多。事实上，只要善于质疑，还有什么疑难问题不能解决的呢？还有什么丰功伟绩不能建树呢？

第三节　设定合理具体目标的步骤

如何来设立合理具体的目标呢？通常要经过如下五个步骤。

1. 检查目标是否与上司的目标一致

一般而言，现代房企内部的目标制定程序可以用下图来表示：

```
┌─────────┐      ┌─────────┐
│ 董事长  │──────│ 战略目标│
└────┬────┘      └────┬────┘
     ↓                ↓
┌─────────┐      ┌─────────┐
│ 总经理  │──────│ 年度总目│
└────┬────┘      └────┬────┘
     ↓                ↓
┌─────────┐      ┌─────────┐
│ 部门经理│──────│ 部门目标│
└────┬────┘      └────┬────┘
     ↓                ↓
┌─────────┐      ┌─────────┐
│   员工  │──────│ 个人目标│
└─────────┘      └─────────┘
```

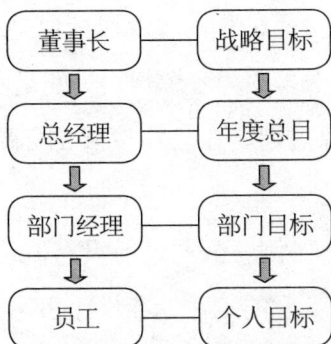

图1　现代房企内部目标制定程序

董事会制定战略目标，也就是确定公司的整体发展方向，总经理再根据战略目标制定年度发展目标，部门目标是对年度总目标的分解，员工根据部门目标制定个人目标。

由于目标是从上至下，层层分解形成的，因而，作为公司的一员，员工在目标的执行上不存在讨价还价的余地。员工的目标必须与上司的目标一致，这是确定无疑的。所以，在目标制定和执行过程中，要检查员工的目标是否与上司的目标发生偏差。

主要从两个方面检查员工的目标是否与上司的目标发生偏差：一是与谁保持一致，二是针对目标的计划在具体执行方面应该保持一致。

2. 列出可能遇到的问题和阻碍并找出相应的解决方法

这一步骤通常容易被忽略，但其实它对于目标的顺利达成很重要。部门经理制定目标时应该具备风险意识，也就是对目标的实现过程中可能出现的问题、障碍制订应急方案。

部门经理的目标得到了上司的确认之后，需要列出可能出现的问题和找到问题解决的方法。例如，目标是在2015年12月底以前制定出公司2016年人力资源规划。具体步骤如下：

问题一：时间不充分。公司的发展目标12月31日才能基本确定，显然在2015年年底制订出公司人力资源规划时间是不够的。解决方法是与人事副总确认人力资源规划应在公司发展目标制订完成后的一个月内完成。

问题二：没有工作先例。公司以前没有制订过人力资源规划，那么，第一次制订该规划，它的工作标准是什么还不清楚，到时候很可能与上司扯皮。解决方法是参照其他公司的人力资源规划进行。

问题三：在人力资源规划中涉及的几个核心问题仍没有得到确认，可能会影响规划的制订，如其中的人力资源政策问题、新的激励机制的问题。解决方法是需要在12月31日公司发展目标制定出来以前，公司专门开会决定。

3. 列出实现目标所需要的技能和知识

实现了上一步骤后，经理应列出实现自己所制定的目标需要的知识和技能有：人力规划技能；在同行业中寻找一份人力资源规划书；招聘与面试技术（已具备）：聘用专业的人力资源公司；参加目标管理考核技术专题培训，并尽快学会应用等。

4. 列出为达成目标所必需的合作对象和外部资源

经理为达到管理目标，需要合作的对象有：销售副总确认销售队伍招聘计划；销售经理确认招聘人员所需的条件和招聘的程序；市场经理确认招聘人员所需的条件、招聘的程序；研发中心主任确认招聘人员所需的条件、招聘的程序；生产厂厂长确认生产厂培训计划以及新的考核办法；行政部经理确认培训时的软硬件支持；总办主任起草有关的制度、通知、文件；财务部经理确认以上计划的预算；GMP推广办主任确认GMP所需的支持人员等。

经理为达到以上目标，需要的外部资源有：有一定的预算保证；专业的人力资源公司（包括猎头公司、培训公司、管理顾问公司）；同行业公司的支持等。

5. 确定目标完成的日期并对目标予以书面化

目标制定的关键之一就是确定其完成日期。在目标制定之后，要用书面确定下来，这是目标管理规范化的一个表现。对目标加以书面化后，不致于引起疑虑和争论，而且有利于目标检查和工作考核，此外，还要便于目标的修订。

目标书面化一定要落实到专人专项，最好让下属将最终确定的工作目标进行整理，做出两份正式的书面材料，一份留给员工自己，作为后续工作的参照，另一份交部门经理处，以此作为依据，对员工的工作进行检查。

第八章

没有规矩不成方圆

——房地产中高层管理者的制度和流程建设

房企的发展需要规矩。离开了规矩，就会人浮于事；缺少管理制度，员工就会自由散漫，工作效率就会低下，企业谈何发展？做好流程建设与严格执行管理制度同样重要。

第一节　千万别让权威打了折扣

美国管理学家哈罗德·孔茨说，"领导是一种影响力，或叫作对人们施加影响的艺术过程，从而使人们心甘情愿地为实现群体或组织的目标而努力"；"真正的管理者是能够影响别人，并使别人追随自己的人物。他能使别参加进来，跟他一起干。他鼓舞周围的人协助他朝着他的理想、目标和成就迈进，他给了他们成功的力量"。

决定管理者影响力的因素既有非权力的，又有权力的。非权力因素主要取决于管理者自身的道德修养和知识、能力的水平状况；权力因素则取决于管理者的资历、职位、级别等。

提升房企中高层管理者的领导力就要提升影响力，这既要从权力因素着手，又要从非权力因素着手。中高层管理者既要不断增强个人的知识、学识、见识、能力与道德修养，又要树立个人良好的领导权威与工作作风。

在实际工作中，中高层管理者可以从以下方面树立领导权威。

1. 以德树威

一个管理者责任感强、使命感强，全心全意为人民服务，不谋私利，公平待人，态度和蔼，善于沟通协调人际关系又具有鲜明的个性特征和高尚的道德品质，那么他的威信肯定高，影响力肯定强。想要拥有这种影响力，要在日常生活、工作中做到以下几点：

第一，不惟我独尊。不要摆领导的架子，要平易近人，和蔼可亲，和下属平等交往。这样才能获得别人的支持与追随，才能成为名副其实的管理者。否则，就会上下离心离德，即使其他方面的品质再优秀，也很难获得众人的支持与追随。

第二，与追随者建立良好关系。管理者必须与追随者建立起密切的良好的工作关系。如果下属了解你、理解你、信任你，就会心甘情愿地支持你、追随你。反之，如果与追随者的关系疏远，相互怀疑、猜忌甚至相互敌视，下属就会与你渐行渐远，貌合神离。

第三，有良好的作风。要成为一个受人尊敬、爱戴的管理者，必须具有良好的工作作风。要发扬扎实深入的工作作风，发扬求真务实的作风，发扬开拓进取的作风，大胆探索，开拓进取，创造性地开展工作。

2. 以信树威

《孙子兵法》有云："将者，智、信、仁、勇、严也。"意思是说，管理者必须具有以上五个方面的素质，其中"信"占有重要位置。

领导用人的一个重要原则是用人不疑，疑人不用。要用就要相信下级，信任下级。再之，不仅要相信下级，更重要的是使下级相信你。

取信于民才有权威，才有影响力。商鞅"南门立木"的故事告诉我们，信可树威，可以塑造管理者的形象，可以迅速提高管理者的影响力。说到底，"信"仍属于"德"的范畴，以信树威是以德树威的一个部分。

3. 以情树威

情、信、德都属于个性品德的范畴。管理者如果能够满腔热情地关心他人，设身处地地理解他人，尽己所能地帮助他人，诚意真心地尊重他人，被管理者就会由衷地信服管理者，管理者的威信则自然而然地树立起来了。

人非草木，孰能无情。研究表明，一个管理者的成功，80%的因素来自情感智商，只有20%的因素来自智力方面的影响。"感人之心，莫过于情"，领导威信的确立，的确离不开感情的力量。

4. 以识树威

以识树威主要指管理者应具有渊博的学识和丰富的经验阅历。知识和经验是一种力量，是一种丰富的权力资源，开发好这种资源可以帮助管理者树立威信，进而得到其他额外的益处。

知识、经验有两种，一种是专业技术方面的知识和经验，另一种是领导管理方面的知识和经验。两种都重要，但后者更重要。树威最好把两种知识经验结合起来，具备两方面的知识和经验。

知识、经验可以帮助管理者树威，也可能成为管理者的包袱。过分地依赖过去的知识和经验极容易我行我素，听不进别人任何意见，因而丧失下级的信赖和支持。

5. 以才树威

这里的才干主要指管理者的认知才能、决策才能、决断才能、指挥协调才能、组织管理才能、总揽全局的才能、激励和思想政治工作的才能、公关宣传才能、应变才能和处理问题的才能，当然也包括专业技术方面的才能。

中层管理者具备以上才能，被管理者会认为你像个管理者，跟着你干没错，你就有了号召力、有了威信。管理者具备卓越的管理技能方能以才服人，目标管理与人本管理相结合，方能更好地管理好企业与下属。

第二节 保障制度执行的两大必杀技

⊙ 打破"人管人"，实行"制度管人"

"人管人累死人，制度管人管灵魂。"管理界中有一句名言，叫作"制度管人，流程管事"，这句话已经囊括了管理的精髓。很多小有成就的房企管理者对这句话都会表示高度的认同。其实，在同一种制度约束下，按照统一的流程标准去做事，正是现代管理的基本要义。

流程其实就是做事的顺序，即第一步做什么、第二步做什么，第一步怎样做、第二步怎样做。这种顺序必须像水流一样保持绝对的速度和方向，否则流程就会滞留、逆流或者乱流，成为绩效低下的根源。

有一次，我去一家房企检查工作，刚到大门口就看到几个现场主管齐刷刷站在招工摊位后面，我就很纳闷：正是忙的时间，这些人不在车间指挥生产，站门口干什么？再说，我又不是哪个政府部门的领导，来这里也已是常客了，没必要如此隆重地迎接我啊！

原来，这段时间各车间缺工很厉害，一边招人一边走人，各车间都不满意人事部的招聘进度，干脆就直接站到门口亲自招聘了，见有人来问询就直接安排到车间试工。人事部则乐得清闲，干脆对此不闻不问，你招到人的话我就负责办个入职就行了，他们认为让这些现场管理者体验一下招聘之难也许是一件好事。

这样一来问题就出来了。正常的招聘流程是：初步面试、技能面试、办理入职手续、岗前培训、分配上岗。这个流程中除了技能面试之外，其余都应由人事部来完成，并且，这个流程也是十分严整的，环环相扣，必须按照一定顺序展开，否则无法保证效率和效果。

果不其然，接下来的调查中我发现：很多应聘者到现场走一圈就没再回头，为什么走没有人知道，即使有在人事部门办理正式入职手续的员工，一周后留下的还不到一半。原本预计两周就能完成的招聘计划实施了一个月还没完成，招聘绩效低得可怜，上岗率连50%都不到。

这种现象有一个最重要的原因，如果按照正当的流程，人事部把人找回来，无一例外地先进行入职培训，让新员工先接受房企文化的熏陶，这样到了工作现场后，就是老员工说了不恰当的话他们也能识别，就是现场主管管理不恰当他们也能适应。

而且，按照正当流程来走，也能让员工们心生恭敬，从而主动接受公司的文化，慢慢地适应环境。流程一旦被破坏，只能让应聘者感受到一种不规范、一种没有流程保障的混乱，最后只能是迫不及待地逃之夭夭。

其实，任何流程中都包含了一种管理思想，流程一打乱，思想就没了。思想没了，人还有用吗？在这个案例中，几乎所有部门管理者都不具备流程意识，对流程没有半点敬畏之心，个个都喜欢按照个人的行为习惯行事，按照个人的经验管理，丝毫都没有组织观念，自然也不重视流程，内部管理之乱、效率之低令人咋舌，否则，也不会如此缺工、新员工也不会到现场走一圈就跑了。

在房企运营过程中，流程同样贯穿房企运营的始终，每一件事都在流程控制之中，房企运营的高效率一定是依靠流程来产生的，忽略流程、轻视流程其实就是不懂管理，不懂管理自然难有高效率，低效就是流程对不遵守流程的无知者们的一种惩罚吧！

⊙ 建立执行力激励机制

作为公司的管理层，在开管理会议时时常会讨论这些问题：员工为什么不能积极主动、全力以赴地工作？员工的工作热情为什么难以持久？员工为什么不能像老板一样，时时刻刻充满热情地工作？房企管理者们在抱怨员工执行力低下的同时，是否用对了激励方式？

所谓激励，即激发与鼓励，具体就是激发员工的工作动机，挖掘员工的身心潜能，鼓励员工的工作干劲。员工是需要激励的，因为人的工作干劲来自激励。正所谓："矢不激不远，刀不磨不利，人不激不奋。"一个房地产公司中的执行力程度的高低与管理层是否用对激励方式大有关系。

员工的工作效能可以提炼为如此公式：绩效＝能力×积极性×工作条件。试验表明，影响绩效的因素主要有三个：能力、积极性（即激励水平）、工作条件。据科学资料表明，通过有效的挖掘，人的体能可以扩大3倍至5倍；智能可以扩大50倍，有效激励则可使工作绩效提高3倍以上。

汤姆·彼得斯说："房企或事业唯一真正的资源是人。"管理就是充分开发人力资源以做好工作。人人都可以被激励，员工不积极，一半责任归领导。一个组织中的每位员工都好比斜坡上的球体，由于人的惰性所致，他们随时有下滑的可能，同时，又由于人类本性中的成功欲，他们内部又形成了一种制约下滑乃至向上的力量。

组织通过愿景激励、机制激励、过程激励的综合作用，可以把人的成功欲放到最大，把惰性降到最低，让员工在斜坡上快速持久地前进。结合马斯洛的需要层次论，可以将激励方式分为如下几个方面。

1. 科学设置组织薪酬体系

对于组织成员来说，薪酬是满足生理需求最基本的生活保障。薪酬激励是一种复杂的激励方式，它不仅仅是物质激励，还隐含着成就的激励、地位的激励等精神方面的激励，能在一定程度上满足组织成员的成就感。因此，组织管理者要能够建立科学合理的组织薪酬动态调配机制。

在薪酬结构中，适当提高激励性薪酬的份额和比例，把成员的工资、奖金、福利待遇与其工作实绩挂钩，能使组织的薪酬体系体现效率优先、兼顾公平的分配原则，最大限度地调动组织成员的积极性，实现组织目标。

2. 建立完善的社会保障制度

组织成员可能会遭遇生、老、病、死、失业等人生中各种风险，仅靠自身和家庭力量来保障，能力极其有限。因此，管理层要为其成员建立完善的社会保障制度，使面临风险的组织成员能够维持基本的生活，免除他们的后顾之忧，满足他们的安全需要，使其放心、安心、尽心地投入工作中。这样，组织成员的工作效率必然大大提高。

同时，要建立合理的职务晋升制度。职务晋升是对组织成员的最大激励，职务晋升制度在激励机制建设中居于关键地位，是满足组织成员职业发展要求的切实保障。在建立晋升制度问题上，要敢于打破旧的用人机制，形成正确的用人导向，如引入竞争机制等，要拓宽用人视野，扩大民主，让人尽其才，各尽所能。

如果说增加组织成员的工资待遇是提供物质基础，满足其物质利益追求，那么职务晋升则能满足组织成员的政治需求，并使其在追求私益的同时还要考虑公共利益，有利于培养组织成员的"危机"意识，对提高工作效率能起到很好的促进作用。

3. 鼓励组织成员参与管理

要扩大组织成员参与管理的渠道，创造和提供机会让其参与管理，这是调动他们工作积极性、增强归属感、认同感的有效方法，有助于满足组织成员的自尊和自我实现的需要。

具体来说，让组织成员参与部分决策和管理过程；授权他们直接处理顾客需要；对因提出合理化建议被采纳的予以奖励；实行一定的授权激励等。让他们拥有较大的自主空间，使其在感受信任和尊重的同时，产生一种荣誉感和责任感，进而更主动、更积极地为组织目标的实现而奋斗。

4. 建设和谐的组织文化

组织存在效率不高、效益不高等问题，其主要原因就是缺少和谐的组织文化，缺乏以组织文化为核心的凝聚力。组织管理者要不断加强文化建设，弘扬正气，倡导和谐的文化。

5. 积极向上的价值观

引导成员树立高度的社会使命感，营造出为实现其使命而努力工作的良好氛围，促使组织成员的个人价值、行为取向与组织目标不断靠近，最终实现个人与组织的价值观相契合。

第三节　提升制度执行力的利器

"流程"能被简单地定义成：为达到某种特定的、可用的管理目标而需要的一系列步骤和动作。企业运行于流程中，如从企业内部的工作流程到企业外部的市场交易流程。

企业的工作流程可以分为经营流程、管理流程和业务流程。经营流程、管理流程和业务流程之间的关系是：经营流程决定业务流程的方向，管理流程是经营流程和业务流程的支撑。

房地产企业运营和服务的管理是典型由流程来驱动的企业。根据以上对流程的分类，可以对房地产开发企业的流程作如下划分：其中，质量管理和财务管理跨越企业的管理工作和业务工作的范围，如财务管理流程中的工资管理、固定资产管理等属于管理工作内容，而应收账管理、应付账管理属于业务工作内容。

在企业流程优化设计过程中，首先要对企业流程的现状进行了解。以前大多数企业是以职能的方式进行管理，没有流程的观念，其实流程就存在于企业的内部，只是未对运作效率如何作专门的分析。企业流程优化设计就是要树立流程观念，以流程的方式进行效率管理。因此，对房企中高层来说，识别和描述企业现有流程并进行分析诊断，找出需要改进的流程就成为执行业务流程的重中之重。

1. 做好信息收集工作

在识别原有流程时，首先要收集大量的关于原有流程的信息。只要收集到准确和详细的信息，流程优化和设计的实施者才能够充分认识企业原有流程，了解原有流程的现状，发现原有流程中存在的问题，为今后工作的展开奠定良好的基础。

2. 识别与描述企业流程

大多数实施流程改进与设计的企业在改进实施前，是以职能的形式进行管理，在进行流程改进与设计前首先要识别企业中现有的流程，并以一定的方式描述出来，这有利于发现流程中存在的问题，设计新的流程或改进原有流程，大幅度提高企业效率。

识别与描述企业流程包括以下步骤：

第一，逆向识别。逆向识别是企业流程的最一般方法，一般步骤为：首先确认我们关心的流程的结果是什么，并找出与该结果直接相关的时间及人员，即找出流程的终点；然后根据输入与输出的相应关系，逆向寻找和识别相应的流程。

第二，确定流程边界。大多数流程的始点与终点都没有准确的界定，而流程改进及设计必须明确流程的边界，以明确任务范围，从而目的明确地展开工作。

第三，流程命名。企业流程的命名应当充分体现流程的动态，最好能够反映流程先后状态的变化。

第四，使用流程图描述企业流程。使用流程图可将流程的各个活动的关系表述出来，不同的流程之间的关系也要表示出来。

3. 选择关键流程

通常情况下，一个企业内的流程成百上千，这些流程大致可分为两种类型：一类是围绕这职能线形组织运转的子流程，从单个部门内进行投入，并在这个部门形成产出；一类是跨职能流程，这类流程横跨多个职能部门，没有一个人对整个流程负全责。房企中高层要选择的关键流程应当是第二类跨职能流程。

选择关键流程的步骤一般如下：第一，让每一位流程改进小组的成员列出一份自己所参与业务流程的清单；第二，剔除其中重复的项目；第三，将关键流程分解为子流程。

4. 选择需要改进的关键流程

每家房地产企业都有很多关键流程，但并不是所有关键流程都存在问题，况且企业的资源有限，应当优先选择存在重大问题的关键流程进行改进。

绩效表现与重要性矩阵（如图所示）是一个既简单又非常实用的工具，在帮助发现最需要改进的流程方面具有十分重要的作用。

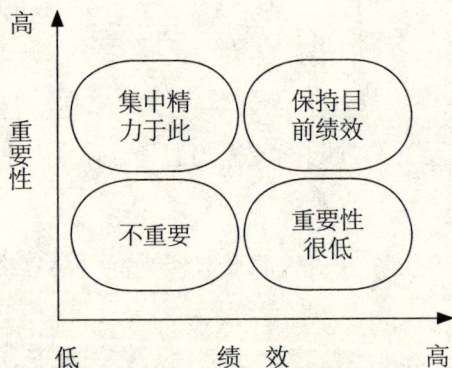

图2 绩效表现与重要性矩阵

图中横坐标表示流程绩效，纵坐标表示流程重要性。第一象限的重要性最高、绩效最低，改流程时一定要改进；第二象限绩效高、重要性也高，需要保持目前状态；第三象限重要性的、绩效也低，可以不管；第四象限绩效很高、重要性很低，也不是太重要。通过绩效表现与重要性矩阵可初步选定需要改进的关键流程的范围，在通过流程对顾客的重要性矩阵确定流程改进的先后顺序。

　　在确定了需要改进的关键流程后，要对这些流程进行诊断，每个流程都是由一系列活动组成的，但并不是每一个活动都需要改进。因此，需要找出这些流程中导致绩效低下的关键点，然后分析造成问题的原因，开始流程的再设计。

第九章

上好团结人这堂课

——房地产中高层管理者的团队管理

俗话说："三个臭皮匠，赛过诸葛亮。"团队的力量是强大的，团队的智慧和创造力也是无与伦比的，当公司的部门、整体的成员形成一个团队的时候，团队成员就会自发地产生共同奉献的精神，对于共同遇到的问题往往会产生强烈的共鸣，增强一起克服困难的信心。

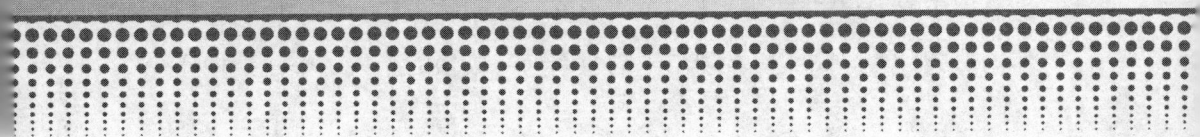

第一节　成就必定是团队带来的

"一个篱笆三个桩，一个好汉三个帮"，讲的是团队协作的精神。

一只兔子坐在山洞口打字，一只狐狸跳到它面前说："我要吃了你！"兔子说："等我把这论文写完也不迟。"狐狸非常奇怪："你能写什么论文？""我的论文题目是《兔子为什么比狐狸更强大》。""这太可笑了，你怎么可能比我强大？"兔子一本正经地说："不信你跟我来证明给你看。"它把狐狸领进山洞，狐狸再也没有出来。

狼也非常奇怪："你能写什么论文？"兔子说："我的论文题目是《兔子为什么比狼强大》。"兔子又把狼领进了山洞，狼也没出来。

过了一会儿，兔子和一头狮子走出了山洞，狮子打着饱嗝说："你干得不错，今天我吃到了非常丰盛的美餐。"

这个故事可以给团队建设带来启发，在团队中，各个个体通过相互作用形成合力。团队所表现出来的效率与其成员的个人水平在某种情况下并不呈正相关系，强强联手后并不一定带来高效率，因此我们说团队的效率不仅取决于个人的素质，还取决于个体之间的联合。

兔子太弱小，而狮子则非常强大，但这不仅没有影响它们所组成的这个团队的效率，反而使其具有了高效率，狮子正是借助兔子的弱小，才成功地使狐狸和狼受到迷惑，从而保障了自己的美餐；同时，兔子也是借助狮子的力量增强了自己的信心，大敌当前面无惧色，从而保障了自己迷惑伎俩的成功。在这个故事中，兔子和狮子的配合恰到好处。设想一下，如果合作的不是兔子和狮子，而是两只兔子和两只狮子，其结果必然是兔子成为狼和狐狸的美餐，而狮子也只能忍受饥饿的煎熬。

团队强调团队成员的共同努力，而不仅是个人优秀才能的发挥，团队成员之间的优势互补、齐心协作才是团队的真谛。当房企遇到错综复杂的问题的时候，光靠几个上层领导人的力量是不够的，只有团队的集思广益才能更快更高效地寻找出问题的突破口，帮助房企渡过难关。

优秀的工作团体与团队一样，具有能够一起分享信息、观点和创意，共同决策以帮助每个成员能够更好地工作，同时强化个人工作标准的特点。具体来说，高效出色的房企团队具有如下特点：

1. 目标一致

团队成员应花费充分的时间、精力来讨论和制定他们共同的目标，在这一过程中要使每个团队成员都能够深刻地理解团队的目标。以后不论遇到任何困难，这一共同目标都会为团队成员指明方向和方针。

2. 具体目标

将团队共同的目标分解为具体的、可衡量的行动目标。这一行动目标既能使个人不断开拓自己，又能促进整个团队的发展。具体的目标使得成员彼此间的沟通更畅通，并能督促团队始终为实现最终目标而努力。

3. 承担责任

建立一种环境，使每位团队成员在这个环境中都感到自己应对团队的绩效负责，为团队的共同目标、具体目标和团队行为勇于承担各自的责任。

4. 关系融洽

团队成员之间应该互相支持，善于沟通，彼此之间坦诚相待，相互信任，并勇于表达自我。

5. 齐心协力

团队成员应为实现团队目标做出共同的承诺，能为了共同的目标而努力工作，并在工作中相互协调配合。

6. 和谐的领导艺术

团队的管理者要能够做到使对任务的需求、团队的凝聚力以及个人需求达到平衡、和谐。

7. 短小精悍

团队的规模不宜过大，应短小精悍，其规模一般不超过十人。

8. 技能互补

出色的团队应具有如下种技能：拥有技术专家型人员；拥有善于解决问题和果断决策的人员；拥有善于人际交往的人员。各项技能的正确组合是团队成功的关键。

9. 行动统一

团队成员必须平等地分担工作任务，并就各自的工作内容取得一致。此外，团队需要在如何制定工作进度、如何开发工作技能、如何解决矛盾冲突以及如何作出或修改决策等方面达成共识。

10. 反应迅速

团队应该着眼于未来，视变更为发展的契机，把握机遇，相机而动。

第二节 "中国好团队"标杆是西天取经团队

史上最好的团队当属唐僧师徒四人组成的西天取经团队：

管理者唐僧虽然能力不足，但终极目标十分明确，并且恒心满满。

团队的精英骨干力量是孙悟空，上得天庭下得地府，见妖捉妖见鬼打鬼，虽然工作中思想激进错误不断，还经常开罪隐性投资人和终极大Boss，但团队领导唐僧的挟制让他渐渐步入正轨。

作为取经团队中的落后分子八戒来说，他是团队中的情感调节器，他出身良好、能力中上，也曾受到高层领导的重视，但因为犯了错误而下放锻炼，是团队的凝聚力量。

沙僧是团队中最老实忠厚的成员，能力一般但能脚踏实地任劳任怨，并且对管理者忠心耿耿。

这个取经团队是组合最佳团队。所谓团队，就是两个或者两个以上的人为了一个共同的目标走到一起，并且为结果担负共同的责任。没有共同目标和共同责任的群体也被称为团队，但会导致令人失望的结果。取经团草创之初，四位成员的共同目标并不一致，磨合期冲突不断，但是管理者唐僧的目标坚定，而其余三人或多或少地价值观一致、责任感相似，从一开始就是有潜力的高绩效团队。

比起传统阶层结构，团队需要有更好和更快的执行力，而且更容易改变。团队既有力量提高生产率和士气，也有力量毁灭它们。如何解决领导与员工之间的冲突，不只有唐僧给悟空缝个虎皮裤的情感交流，还需要管理者树立起权威和掌握撒手锏。否则团队内部发生分裂那终究会导致毁灭。

劝慰闹天庭的孙悟空接受取经大计放弃野狐禅和占山为王，需要让此事变得崇高而被信仰；而将功赎罪又给犯错误的成员以无限希望；相比于在河里淘沙兴风作浪，取经对于沙僧来说显然是桩咸鱼翻身的美事，让组织有效是一个团队游戏，没有合作和团队技巧就不会成功，这四人的团队因而能形成。而大Boss佛祖许诺下的四人修得佛道则是团队完美地解决一系列问题、上市之后的股权分红，而承诺的兑现也让四人体味到了新生。

在有效的运作时，与单独的个体相比，团队可以做出更好的决策、解决更复杂的问题，也可以做更多的事情提升创造力和锻炼技能。唐僧、孙悟空、猪八戒、沙僧的小型高绩效团队比起实战能力也很强的梁山泊一百单八将的庞大组织，在运作方面上要灵活更多。

没有共同的目标和责任，则很可能导致组织的倾覆，招安与不招安之间是信仰的巨大分歧。相对于取经团，梁山团却没能发挥出个人与团体的最大爆发力，不仅是因为运作体系不同，还有组织管理和团队建设的意识的缺失。

第三节　常说"我"和常说"我们"有什么不同？

房企管理者应该与员工荣辱与共、同甘共苦，而不是将自己与周围的人和事分开甚至对立起来。优秀的房企管理者不会认为别人的问题只是别人的问题，也不会认为自己的事都是自己的事。他们的头脑中装着共同体的概念，会自然而然地多说"我们"，少说"我"。

一个新来的年轻人接到客户投诉后向总经理汇报情况。他说："你的分公司产品质量出现了问题，引起顾客投诉……"

总经理生气地打断他的话，皱着眉头质问道："你刚才说什么？我的公司？"

年轻人没有明白，"是的，你的分公司……"他又将刚才的话重复了一遍。

总经理恼怒地说："你说我的分公司，那你是谁？你不是公司的一员？"

年轻人这才意识到自己的失误，马上纠正说："对不起，我们分公司产品质量出了问题……"

"我"和"我们"从字面来看只有一字之差，但在沟通过程中所达到的效果却截然不同，这主要在于听者的感受。说"我们"，听者心里会高兴，说者在谈话中包括双方，好处也是双方的；说"我"，听者心里会不舒服，说者的话题似乎与对方无关，显然有不重视对方之意。

有位心理学家曾经做过一项有趣的实验：他让同一个人分别扮演不同的角色与下属进行沟通，分别是专制型、放任型与民主型三种不同类型的房企管理者，而后调查这三类房企管理者与下属的沟通效果如何。

结果发现，民主型的房企管理者与下属的沟通最为愉快，员工也更容易接受其要求及下达的任务。原因就在于，民主型的房企管理者在与员工交流过程中使用的是"我们如何，我们应该……"而不是"我的意见是……你应该……"

多说"我们"少说"我"，可以使所传递的信息内容能够被下属认可和接受，赢得下属的信服和追随。人的心理是很奇妙的，同样的事往往会因说话者的态度不同，而给人以完全不同的感觉。因此，房企管理者要善用"我们"来赢得员工的认同感，增强上下级之间的凝聚力。

第四节　对下属要有爱心

得人心者得天下，企业家与员工的关系是鱼水的关系，企业家是离不开员工的，因此，房企中高层一定要在企业内部搞好员工关系，增强企业的凝聚力。

正泰集团始创于1984年7月，主要生产经营高低压电器、输变电设备、仪器仪表、建筑电器、通信设备和汽车电器等产品，综合实力已连续五年名列全国民营企业500强前10位。

正泰集团董事长南存辉认为："企业讲究以人为本，全员参保是企业凝聚人心的重要措施，是企业应尽的社会责任，关乎国运，惠及子孙，恩泽本人，有利于企业的发展。"于是，2001年年末，作为民营企业的正泰集团，率先搞起了员工社会养老保险。这项工作被誉为正泰集团的"人心工程"。

在南存辉眼里，为员工做好社会保险工作，是一项吸引人、凝聚人、激励人和留住人的重要手段。到2002年年底，正泰集团总部所属各公司参保人数已达6000多人，正泰集团为此支出了上千万元的资金。南存辉的估计是正确的，社保的推行不仅体现了企业的关爱，稳定了员工的人心，激发了大家的热情，更重要的是推动了企业的发展。

南存辉注重保障员工的利益，这是人人皆知的。在他的企业中，如果员工的利益受到了侵犯，他会毫不犹豫地站在员工这边；如果员工遇到了困难，他会毫不犹豫地帮助员工解决困难，顺利渡过难关。

华人首富李嘉诚曾说："虽然老板受到的压力较大，但是做老板所赚的钱已经多过员工很多，所以我事事总不忘提醒自己，要多为员工考虑，让他们得到应得的利益。"这也许应该是每一位领导都应该持有的待人之道吧。

管理者应该明白，员工不是没有生命的机器。"人非草木，孰能无情"，用心地去关心员工，就是关心自己的企业，对员工多一份关心，员工就会回报公司一份忠心。

对员工的关心可以体现在很多方面，可以是工作方面的.也可以是生活方面的。而在一些细节问题上对员工的关心，更能体现出对员工的关心程度，也更能感动员工，这就是"以小胜大"。管理者在管理中要尊重和关心下属，以下属为本，多点人情味，使下属真正感觉到管理者给予的温暖，从而去掉后顾之忧的包袱，激发工作的积极性。

第五节　激励要言之有物

激励要言之有物，要明确无误地指出公司的目标和使命。房企管理者的言行对下属的影响是潜移默化的，要树立威信，讲话就要言之有物，发人深省，言谈举止要有个人魅力，处处起表率作用。

房企管理者的威信是由自己的言行树立起来的。与下属谈话不同于朋友之间聊天，如果与下属谈了一小时都没有说出一句有意义的话，那这场交谈就是无效的。

一个没有主见、被人左右的管理者无法得到下属的尊敬与服从。所以，管理者必须时时注意维护自己的威信。好的房企管理者在与下属交谈时，应摆出兼收并蓄、取长补短、交流探讨、求同存异的姿态。碰到不同意见不是忙于下结论，急于反驳对方，而是以低调但主导性很强的话说出自己的看法。比如，"你的意见还是不错的。但是如果换一个角度看会怎么样？例如……"；"我的想法和你不同，我们可以交换一下意见吗"；"嗯，让我考虑一下，我们可以明天再谈这个问题"。这样的话语既不失威严又易于被下属接受。

房企管理者的威信可以在平时说话中得到体现，一个讲话言之成理的房企管理者，他的话能打动下属的心弦，还会产生一种不可思议的力量，影响到周围气场。每天，管理者都会遇到一些复杂的情况，需要分析问题、解释原因、讲述道理、表达意见。如果话说得恰到好处，能够帮房企管理者很大的忙，解决不少问题。因此，适当地运用口才，对于工作有很大益处。一个会说话的房企管理者总是能准确清晰地表达出自己的意图，也能够把道理说得很透彻、很入耳，使得下属乐意接受。

激励是一种有效的领导方法，它能直接影响员工的价值取向和工作观念，激发员工创造财富和献身事业的热情。激励的作用是巨大的，美国哈佛大学教授詹姆士曾在一篇研究报告中指出：实行计时工资的员工仅发挥其能力的20%～30%，而在受到充分激励时，可发挥至80%～90%。

怎样激励员工呢？下面教给房企管理者一些方法。

1. 作风激励

每个领导都掌握着一定的权力，在一定意义上说，实施领导的过程就是运用权力的过程。领导爱岗敬业、公道正派，其身正其令则行，就能有效地督促下属恪尽职守，完成好工作任务。风气建设是最基本的组织建设，而中高层领导的作风在风气建设中起着决定性的作用。

2. 水平激励

中高层领导的知识水平和工作能力是其领导水平的重要体现，这就要求管理者善于捕捉各种信息，扩大知识面，使自己具备一种不断同外界交换信息的、动态的、不断发展的知识结构。

当代员工都有日趋增强的成就感，他们都希望以领导为参照系数，发挥、发展自己的知识和才能。更好地实现个人价值的增值。高水平的管理者能产生强大的非权力影响力，来增强组织的凝聚力。

3. 情感激励

情感需要是人的最基本的精神需要，因此领导要舍得情感投资，重视人际沟通，建立感情联系，增强员工和领导在感情上的融合度。情感联系一经确立，员工就会把快速优质地完成领导交办的任务作为情感上的补偿，甚至能不去计较工资、奖金等物质因素。

建立情感联系，管理者必须改变居高临下的工作方式，变单向的工作往来为全方位的立体式往来，在广泛的信息交流中树立新的领导行为模式，如人情往来和娱乐往来等。领导会在这种无拘无束、员工没有心理压力的交往中得到大量有价值的思想信息，增强彼此间的信任感。

4. 赏识激励

社会心理学原理表明，社会的群体成员都有一种归属心理，希望能得到领导的承认和赏识，成为群体中不可缺少的一员。赏识激励能较好地满足这种精神需要。对一个有才干、有抱负的员工来说，奖百元千元不如给他一个发挥其才能的机会，使其有所作为。

因此，领导要知人善任，对有才干的人要为其实现自我价值创造尽可能好的条件，对员工的智力贡献如提建议、批评等，也要及时地给予肯定的评价。肯定性评价是一种赏识，同样能满足员工精神需要，更好地强化其团队意识。

第十章

人才战略
——房地产中高层管理者的人才管理

人力资源的使用包括两层含义：一是指充分发挥现有人才的作用，准确地选拔人才、合理地使用人才、科学地管理者才；二是指开发潜在人才、培养和造就未来人才。房企管理者在使用这些人才的同时，更要重视对这些人才的开发管理。一方面，要善于知人善任、培育人才、爱护人才；另一方面，要善于识才求才，以身作则，尊贤重士、宽容大度。

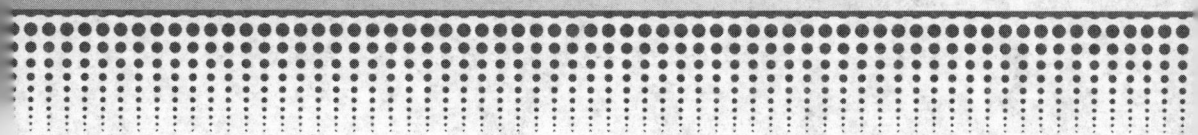

第一节　得人才者方能得天下

得人才者得天下，失人才者失天下！

一百多年前，美国钢铁大王安德鲁·卡内基曾说："带走我的员工，把工厂留下，不久后，工厂就会长满草；拿走我的工厂，把人我的员工入留下，不久后我们就会有更好的工厂！"比尔·盖茨说得更明确："谁要是能挖走微软最重要的几十名员工，微软就完了。"

对全球两百家成长最快的公司进行的跟踪调查中曾出现过这样一个题目：让雇主和总裁夜不成眠的事情是什么？结果显示，"让雇主和总裁们夜不成眠的事情"排在最前面的三项依次是：如何吸引高素质的人才？如何留住主要雇员？如何开发现有员工的技能？

这些巨额财富的创造者都把目光不约而同地投向了聚集高素质人才、使用人才、开发人才资源上面，一句话概括就是：怎样才能更好地使用人才？

通用公司第七任CEO雷吉·琼斯整整用了七年时间才挑选出了通用下一任掌门人杰克·韦尔奇，这一选择被称为通用公司发展史上最成功的决策。

韦尔奇就任通用电气集团CEO时，公司机构臃肿、等级森严、反应迟钝，每年都会出现巨额的亏损。韦尔奇上任以后，大刀阔斧地对房企内部进行了一番彻底的改造，使得这家以传统产业为主的百年老公司焕发出了全新的光彩，走向了"中兴"富强之路。

从1981年至2001年，韦尔奇任职20年间，通用电气的业绩一直保持着两位数字的增长，连续多年名列《财富》评选出的全球500强企业前列，并一度荣登全球业绩最好企业第二位的宝座。

这些实例都在向世人昭告一个道理：得人才者得天下，失有才者失天下！在高科技迅速发展的现代经济社会，人才是房地产企业最重要的战略资源，是房企价值的主要创造者；房地产企业里最值钱的已不是有形资产，而是无形的人力资本。

传统经济往往是资本控制人才，人才追逐资本，而现代经济则是人才控制资本，资本追逐人才。人才不仅是资源，更是一种资本。因此，如何聚集更多的高素质人才，加大对人才的投入，更好地发挥员工的才能，其本质都是一种引资增资的投资行为，能产生出更多更大的回报。

善用人者，能够把人才放在最合适的位置上，尽可能地使其各安其职，其结果必然是"勇者能竭其力，智者能尽其得，仁者能援其惠，德者能效其忠"。而不善用人者，即使身边有人才也不知道提拔，提拔了而不知道重用，最终只能造成人才的流失，坐失天下。

第二节　房地产面临人才短缺的巨大挑战

今天，中国已开始逐渐丧失劳动力成本优势，廉价劳动力的派对到了曲终人散的时候，恐怕这是许多房地产企业家始料未及的，而中国经济的增长引擎必须完成从硬资产到人才资产的转变，否则全球产业链的下游将逐步由人口红利依然旺盛的印度等国接盘，中国经济将难逃衰败的命运。在抢占全球制高点的经济转型中，人才储备必将是重中之重。

中欧商学院的一份调查报告指出，当前中国房企面临的最大挑战在于——"找到并留住人才"。当中国经济的升级与转型强烈地感知到必须进行人才储备的时候，大量的中国房企却面临人才危机，这是一个尴尬的现实。

想要的人招不来，招来的人留不住，留下的人不安心，这样的人才危机导致很多房地产企业长期忙于招人，疲于留人，疏于用人，却懒于育人。我国的房地产企业本来就生存不易，再加上人才危机，已经在很大程度上对房企的生存与发展造成了威胁。

人才危机表现为两种类型：一类是房企处在快速发展期，短期内迅速膨胀，人才储备不足，形成危机；另一类是房企虽然认识到了人才的重要性，却没有采取相应的措施挽留人才，流失了掌握房企关键信息和技能的大量人才。

那么，房地产企业为何会出现人才危机呢？其成因主要在于以下三个方面：

第一，外界环境的影响。随着改革开放的深入，市场经济体制的完善，人们过去的从业观念已经发生了改变，客观上为人才流动提供了宽松的环境，促进了人才的流动。受功利价值观念的影响，现在人们选择职业和流动方向的主要标准是个人利益，尤其是对物质利益的过分追求影响了择业和稳定就业。

第二，组织内部因素的制约。导致房企招不进人、用不好人、留不住人，相当原因在于房企内部的管理机制，如管理者素质不高，员工激励机制不健全，未能建立有效的评估体系，缺乏合理的薪酬结构，未能建立针对核心员工的长期职业发展规划等，这些都是存在的主要问题。

第三，个人的状态。很多年轻人缺乏系统的职业规划，盲目择业，在一家房企工作更多的是为了获得工作经验和相关技术，一旦目的达到，就会选择待遇更高、发展空间更大的房企，缺乏理智、冷静和长期坚守的信念。

那么，房企中高层管理者该如何破解人才危机呢？

1. 树立人才危机意识

预防危机最有效的办法就是强化危机意识，把它作为一种战略纳入房企的发展规划中，有效地帮助房企。在遇到危机时，房企便能迅速做出反应，从容面对危机。

2. 将商业模式、业务计划、人才战略系统整合

如今，大部分的房企还没有达到对人才招之即来、挥之即去的地步，必须棋先一着，保证企业经营的每一步拓展都有人才跟进，必须保证人才的成长价值、情感价值、认同价值、经济价值和房企价值之间形成良好的互动促进关系，营造和谐融洽的人际关系环境。

3. 建立一套人才危机预警管理系统

要想解决人才短缺的问题，关键是在认真分析员工离职原因的基础

上确定相应的预警指标，如工作满意度、工作压力感、员工对公司的认同感等。建立预警系统后，对这些指标进行日常监控，一旦发现偏离了正常的安全范围，系统立即发出预警信号；之后，危机管理小组马上展开分析并整改，为有效预防人才危机赢得主动。

房地产企业如果想获得发展，一定要凝聚一批能与之共命运的人才，如此才能在激烈的竞争中脱颖而出。

第三节　房地产企业管理者的选才秘笈

⊙ 抓住关键人才

房企的成长离不开坚实的基础，更离不开众多人才，这也是房地产企业培训快速发展的原因之一。离开了人才，房地产企业是无法有效发展的，尤其是目前房企对于关键人才的需求。

企业培训的出现在一定程度上解决了房企的人才问题，然而依然无法解决众多房企急需的关键人才。那么，什么人才是关键人才？关键人才也叫生存源头人才，即对房企起到关键性影响作用的人才。

关键人才，并不代表就一定是高端管理者，而是结合房企的发展阶段、发展战略，房企的成功最需要的那批人。不同的房企处于不同的发展阶段，所需的关键岗位、关键人才也有所不同。

关键人才掌握着房地产企业发展最需要的知识、工作技能和管理经验，而且替代成本非常高。能否有效地保留他们，直接影响这企业的战略能否实现，决定这企业在市场上的竞争力。为了保留财富中的财富，企业不仅要在物质上做更多投入，在管理上也要采用更具创新性和灵活性的管理方式。

如何来抓住和管理关键人才呢？可行的方法包括：根据房企的业务和战略，对关键人才设置清晰的界定标准，并且时刻留意关键人才库的人员进出变化；提供更精华的培训，为避免大量投资后人才的流失，可视情况签订相关服务协议；提供向上发展和平行发展的各种机会，帮助他们成长；为他们提供更加重要的工作机会，让他们保持成就感；帮助关键人才建立公司内外的社会网络也是留住他们的有效方式；具有竞争力的薪酬福利必不可少；营造健康向上、尊重员工的房企文化。

⊙ 优点缺点分开看

俗话说："金无赤金，人无完人。"任何一个人都不可能十全十美，对待关键人才，聪明的房企管理者在于扬其长，避其短。

美国"南北战争"初期，林肯大胆任用英勇善战但被人称为"酒鬼"的格兰特为北军司令。面对连续不断的指向格兰特的种种非议和诽谤，林肯总是给格兰特以最大的信任和支持。后来，对格兰特的起用被证明是"南北战争"中北军取胜的转折点。

林肯重用格兰特，至少有一点值得我们学习和借鉴：按正常人思维，让一个贪杯的人成为一个统帅千军万马的将军是根本不可能的。而林肯却能辩证地看待格兰特的优缺点。格兰特尽管背负着"酒鬼"的骂名，但他具备一个将领最重要和最关键的素质：浑身是胆、运筹帷幄、敢于打仗、善于打胜仗。可见，格兰特酗酒的缺点与优柔寡断、纸上谈兵等为帅者之大忌比起来，确实是微不足道。实践证明，受命于危难之际的格兰特没有让林肯失望，他在扭转战局的同时也扭转了美国的历史，却没有一次因为酗酒而误事。

只有用其所长，各得其所，员工才能心情舒畅，团队效率自然会不断提高，因此在房企中高层管理人才的时候，一定要将人才的优点和缺点分开看！

1. 发现下属的长处

员工的长处不是一眼就能看出来的，需要管理者去发现，这是用人所长的前提。如何来发现下属的长处呢？有几个方法可供参考：借助素质测评的工具和方法；注意在日常工作中观察员工，看他们什么事情干得又好又顺手，什么事情则做起来费力又没有成效；倾听员工的意见；给员工充分的发挥空间来自我发现；多授权，"是骡子是马拉出来溜溜"。

2. 量才适用

每个人的能力都会呈现出一定的倾向，也就是说，在一些领域能力表现突出，而在另一些领域里能力表现一般或低下。作为管理者，应该优先在人才擅长的领域内配置岗位。

比如，长于空间思维能力而人际能力较差的人，可以将其安排在技术性岗位；有较强计算能力的人适合做会计、投资类工作；统筹能力强、头脑清晰的人，可以做生产调度；有较强的人际交往能力的人适合做行政、人事、营销等工作等。

3. 给员工自由选择的机会

做自己不擅长的工作是很痛苦的，员工只有知道自己最适合干什么才会在工作岗位上发挥出自己的价值，所以，管理者要经常倾听员工内心深处的真实想法，在条件许可的范围内允许员工自行配置岗位角色；并在部门内部实行竞聘上岗、轮岗等措施，发现员工潜力，激活员工能力，提高团队绩效。

⊙ 相马更要赛马

伯乐相马的故事妇孺皆知，从春秋到战国，人们常以伯乐为例来说明人才选拔，唐代韩愈《杂说》四首中的名句"世有伯乐，然后有千里马"更是家喻户晓。韩愈之所以要赞美伯乐，感叹"千里马常有而伯乐不常有"，一个重要原因在于他本人就是伯乐陆贽的受益者。

唐德宗贞元八年（792年），韩愈参加科举考试，主考官是陆贽。陆贽为了更准确地掌握考生情况，请了两个朋友梁肃和王础帮助自己。三个人都满腹经纶，尽心尽力当了一次名副其实的"伯乐"。这次考试一共得到23名进士，韩愈名列第三，同榜全是名满天下的青年才俊，后人称陆贽主考的这一榜为"龙虎榜"。韩愈认为陆贽是自己的伯乐。

可是进入21世纪后，赛马说逐渐占据主流，更多的人开始重视人才选拔中的制度建设，伯乐说渐趋冷寂。因为主张相马的人，往往看不到赛马的优势；而主张赛马的人经常会把赛马与相马对立起来。其实，相马和赛马各有利弊，二者结合起来才是选人用人正道。

对于相马而言，管理者都要当伯乐，还要清醒地看到，伯乐施展才能要受很多因素的影响。首先，伯乐自身的知识和经验，既是相马的基础，又会限制相马的视野。其次，利益会对伯乐的视力造成屈光。同样是伯乐，在不同的利益机制下，有可能偏于近视，也有可能偏于远视。

最后，组织会限定伯乐的场景。即便是真正的伯乐放在不同的场景中效果也会大不一样，所以，单靠相马来取人用人有可能评判不当。

以赛马为例，不见得最好的马肯定就在赛场上跑得最快。首先，马的饲养状态和临赛状态，对于马能不能在赛场上最佳发挥关系极大。其次，赛场上的偶然因素太多，即使是世界排名第一的种子赛马，也会跑不出正常成绩。再次，兴奋剂之类的干扰会混淆骐骥和驽钝。最后，考官的评价尺度和组织对马的要求在不同阶段也是不同的，赛场不见得只看速度，很有可能跑得最快的马的长相不入考官的法眼……如此种种，赛马也不见得选出的都是好马。

鉴于相马和赛马的种种不足，房企管理者应该看到，单纯依赖相马或者单纯依赖赛马都有可能失马，把二者对立起来是不利于选出好马的。

因此，在选择选马方式的路径上，管理者应该遵循这样一条思路：伯乐和赛场的互补！推而广之，一切管理制度，都要使伯乐的作用得到最大限度的发挥，激励那些还不是伯乐的人向伯乐的方向努力。而伯乐本人则要在制度的约束下尽自己的最大责任，减少自己可能出现的偏差。

第四节　房地产中高层管理者的育人秘笈

⊙ 固化员工良好的行为习惯

有了标准、有了制度、有了流程以后应如何做？要反复抓、抓反复，固化员工良好的行为习惯。公司有制度、有规范、有要求、有规则，可是这些都不是钉在墙上、放在抽屉中的，而是要落实到日常工作中去。

能够将公司的规章制度变成员工行为习惯的房企才是管理方法优秀的房企。当员工养成行为习惯的时候，也就是制度真正能够推倒甚至五年、十年不变形的过程。管理的根本就是走持续化、反复抓、抓反复，提升整个房企。那么，管理中应该固化哪些员工的良好行为呢？

1. 爱岗敬业

新时代的员工，应该在工作中秉承爱岗敬业精神，摒除打工心态，将工作当成事业来做，提升职业高度，在工作中实现自我价值，取得成功。即使员工的工作能力很强，如果工作态度不端正，也是很难在工作中发挥自己的才能的。

2. 勇于承担

人可以不富有，可以不伟大，但不可以没有责任心。一个没有责任心的员工不可能成为一个优秀的好员工。员工承担责任的勇气和能力有多大，他就能担当多大的职责，他在房企的发展空间就有多大。

只有那些勇于承担的员工才能得到百分百的信任，才能被赋予更多的使命，才有资格获得更多的荣誉，才会得到更宽广的发展机会，成为最受房企和老板欢迎的优秀员工。

3. 积极主动

任何工作业绩、任何成功都离不开员工积极主动地辛勤工作。工作不是消极被动的"打工"，也不是表面上的"完成任务"。一个有责任感的员工定然会将被动工作的心态转换为主动工作的心态，会让自己的工作得轻松而充满乐趣。

4. 高效执行

高效执行是一个员工优秀执行力最具体的表现。一个能够将工作迅速落实于行动的员工无论做什么事情都必然能严格执行彻底到位，实现工作高效率，为房企创造最大的价值。空谈是做不好工作的，也不可能成为高效工作的优秀员工。

任何完美的执行结果都是从第一次就把事情做好、做到位开始，一个优秀员工会在工作中培养高效执行的工作习惯，在工作中讲究快、准、狠，在工作中他们更重视"功劳"。

5. 注重细节

工作中会遇到很多难题，这些难题的解决往往不是从全局入手，而是换一个角度对待，从细节处着手，从细节中让困难迎刃而解。大问题多藏于小细节之中。所以，注重工作细节，凡事从小处着手，把每一个细节问题都做到位是员工做好工作的关键。

6. 追求卓越

追求卓越不仅是一种良好的工作习惯，也是对人生境界的一种提升。一个想从优秀上升到卓越的员工必然会抱有凡事没有最好只有更好的态度；在面对工作和各种职场挑战时，他们会锐意进取、精益求精。

7. 管理时间

善于管理时间的员工，总会对自己的生活与工作有明确的规划，能够合理利用时间，能够有效安排好工作中的方方面面。无论每天工作有多忙，他们都会调整好自己的心态，在工作中沉着冷静、条理清晰，达到一种从容不迫的境界。

8. 善于沟通

解决冲突、消除误会和增进了解的办法就是相互交流，善于沟通的员工不会把问题锁在柜子里或者放进电脑里，遇到问题他们会及时沟通，使合作成功。

9. 合作互惠

优秀员工能把合作看作是一种习惯，并充分认识到合作的意义，认识到团队的力量才是取得最终胜利的根本保障。只有把信赖当作一种责任来担当，才能懂得如何与他人协作配合，才能在工作中取得互赢互惠的成绩，在成就他人的同时也成就自己。

10. 敢于创新

善于思考的习惯是个人能力的核心，灵活变通、敢于创新更是成就一切大事的基础。优秀的员工在工作中不仅善于动手，更善于动脑，勇于打破旧的思维模式，改变陈旧的工作方法，使工作效率更高，业绩更突出，从而能够不断进步，成就团队事业的辉煌。

⊙ 做"平台"而不是"拐杖"

很多房企管理者在培养员工时总会有这样一种强烈的感觉，即让他们做一件有一定挑战性的事情真的很困难，往往需要一而再、再而三地反复，还不如自己亲自动手。还有另外一种情形，员工做事碰到困难时，管理者出于对员工的爱护和关心，经常会自己承担起来，替他去做，帮助他渡过难关。

这些做法无形中让管理者变成了员工的"拐杖"，让员工永远无法独立完成管理者交给的重要任务，永远不能独当一面。员工自己可能觉得做了很多事，也学会了做很多事，可一旦离开培养他的管理者，便像一只折了翅膀的小鸟，无法振翅高飞。

培养员工时，房企管理者一定要甘作平台，为员工提供必需的资源支持和感情支持，必要时"拉"他们一把，而不是替他们去做。

1. 搭建学习平台，提升员工综合素质

员工是房企发展的基石，房企要发展，首当其冲就是要全面提升员工队伍素质。可是，员工素质的提高不是一朝一夕的事，是一项有计划、有规范的系统工程。管理层应始终把员工的教育培训、学习提高作为第一要务，常抓不懈。要针对行业改革发展的特点结合实际，多渠道、多形式、多手段地开展员工教育培训，全面提升员工综合素质，增强员工竞争能力和持续发展能力。

一是努力提高员工的文化素养。房企的管理者要积极鼓励员工发扬坚持不懈的学习精神，向他们灌输学习的紧迫性和重要性，鼓励员工在职深造，积极参加各类再教育课程或通过自学获取更高学历。

二是丰富业务技能知识内容。开展技能培训要以提高员工综合素质为核心，坚持"干什么、学什么，缺什么、补什么"的原则，抓好员工各层次培训，及时调整、更新、丰富培训内容，为员工业务知识和技能提升搭建良好的学习平台，真正提高员工的业务技能水平。

三是创新培训模式。管理部门在制订学习培训计划时，要紧跟时代发展和员工对知识不断增长的多种需求，考虑人员、素质、岗位等诸多因素，拓展教育培训的广度和深度，创新职工培训形式和载体，着重培养能适应房企建设及发展的"复合型"和"多技能型"的人才。

2. 搭建榜样平台，营造典型示范效应

作为房企的管理者，还要注重培养和树立员工中的先进典型，充分发挥榜样、先进的示范引领作用，激发全员的学习热情；积极创造条件，发动员工挖掘身边的感人事迹和动人场景，发掘身边的模范人物，利用镜头和新闻媒介等多种形式反映，让典型"响"起来。

同时，还要鼓励员工崇尚先进，学习先进，争当先进，以先进典型为榜样，学习他们积极学习、爱岗敬业的优秀事迹，激发员工争先创优的进取心。对挖掘出的行业典型要及时在行业内予以表彰及嘉奖，营造良好的典型示范效应，促进全员共同进步成长。

3. 搭建展示平台，彰显员工风采

要让员工身心获得更好的发展，仅靠学习培训是不能奏效的，要在房企内部开展各项文化活动，丰富员工的业余生活，陶冶员工的身心。如开展音乐、文学、书法、绘画、摄影、象棋、乒乓球和羽毛球等健康向上的各类文化和体育活动。

丰富健康的精神文化生活不仅能陶冶员工的思想情操，消除员工工作疲劳，焕发员工创业精神外；还可以把员工心理素质如德、智、体诸方面的个性发展和群体意识如荣誉感，主人翁精神都融于文化娱乐之中，满足员工个性发展的需要，造就一个各尽其能、各施其才的良好发展氛围，让员工以更积极、更振奋、更舒畅的心情投入到各项工作中去。

4. 搭建晋升平台，调动员工积极性

房企员工的发展很大程度上依赖于房企内部合理的职业管理和良性的竞争激励机制，要让员工更好地实现自我价值，房企管理者就要善于引导员工，帮助员工明确自己的职业发展方向。在为员工提供良好的待遇的同时，也要员工提供良好的提高、成长和发展的机会，使员工跟上时代与房企发展的需求，潜能得到更大的发挥。

一是实行轮岗制。对在本职岗位中有不俗表现、能力已超越本岗位要求的员工，但暂时还没有更高级别岗位空缺时，可对员工予以轮岗，以新岗位，新工作和新挑战，激发员工工作创新的热情。

二是重点培养优秀员工。制定优秀员工培养计划，把思想素质优、工作能力强、业务技能精、敬业精神好的优秀员工，作为培养对象纳入培养计划，为员工的个人发展提供较为广阔的平台。

三是打通职业晋升通道。在对员工进行绩效考核与任用的同时，不能只关注其结果，更应根据员工的行为表现以及思想动态，综合地对员工发展提出建议与指导，帮助员工分析自己的特长，真实客观地评定自己，明确自己的发展走向与定位，只有让员工明确自己的定位后，才能合理地对其开展引导。

四是完善激励约束机制。通过对员工工作行为和工作效果进行有效评估，给员工一种方向感和压力，使员工的目标和公司的目标相一致，调动员工的工作积极性、改进员工的工作有效性，实现人岗匹配优化，促使员工向更高目标发展。

5. 搭建交流平台，增强员工认同感

要调动员工工作的积极性，增强员工的认同感与归属感，就要让员工感受到房企的关怀，房企管理者要融洽与基层员工的关系，与员工经常地进行思想交流，及时掌握员工的思想动态和真实想法。

一是深入基层。要经常深入基层，了解掌握员工的工作和生活情况，主动为员工做好排忧解难工作。

二是畅通员工合理诉求渠道。房企管理者要高度重视员工的合理化建议，畅通员工合理诉求渠道，充分利用领导信箱、内部网络等平台，倾听员工呼声。

三是营造民主管理的良好氛围。在建立房企相关制度、管理规则和流程时，要适当地听取并采纳员工的意见和建议，增强员工的参与意识，让员工感受到自己为企业的发展尽了一份力，增强员工的归属感与

忠诚度，为员工体现个人价值提供良好的交流平台。

第五节　房地产中高层管理者的用人秘笈

⊙ 给人以用武之地

对于任何一家房地产公司来说，只有做到人尽其才、物尽其用，才能"人得其位，位得其人"。房企的管理者只有对员工的才能、兴趣了解于胸，才能针对某项特定的工作选择适合的人选，追求人与事的统一。

公司每年都要进新人，很多项目都是从生手开始的。如果不对生手进行培养，他们永远也成不了"熟手"。生手的优点在于：热情高、不信邪，往往能够从新的角度提出和处理问题。如能适当委派工作，是发现人才苗子的一个非常重要的途径，并有提高士气之功效。

有些领导总是抱怨公司里能人太少，恨不得自己的部下都变成能杀能闯的"猛将"。这种想法是不切实际的！如果公司里的每个人都是精华荟萃，技艺超群，管理者的命令就没有威力了。其实，每个人都有他的长处，只要能很好地掌握他们的特点，把他们放到最能发挥其作用的位置上，就会人尽其才，物尽其用，团结一致。

在"二战"时期，由于战争的需要，某国临时招募了许多各行各业的人参军打仗。有一支小分队奉命驻守在一个小岛上，他们中有大学教师、机械工程师、政府机构的办事员，也有泥瓦匠、小饭馆老板、裁缝铺的学徒，还有消防队员、小提琴手、汽车修理工等。

一到岛上，他们就都行动起来了。有的用捡来的木条、干草搭起了简陋的帐篷，有的用自制的工具支起了炉灶，还有的忙着施展烹饪手艺……人人都演出自己的看家本领，在各自擅长的方面尽情地发挥。一顿丰盛的晚餐过后，还举办一场热闹的晚会，大家有说有笑，有唱有跳。

几天过后，小岛遭到敌人的攻击。在枪林弹雨的战场上，大学教师和小饭馆老板显得手足无措，失去了他们用武之地，而此时消防队员和汽车修理工则临阵不乱，熟练地使用手中的武器，对敌人进行了狠狠的打击。

从这个例子中可以看到：大学教师受过高等教育，掌握的知识较多，是比较有才华的人，但打起仗来却不如只念过几年书的消防队员。这就是所谓未在其位，能力就不能得以施展，"英雄无用武之地"即如此。

美国哈佛大学的经营管理学者提醒经营者：公司好比这个小分队，由各色各样的人组成，他们都有自己的看家本领，身为老板，要对部下的特点、能力，甚至个人的性格了如指掌，做到适才适所，使内在的潜力得到充分发挥。唯有如此，公司才会高人一筹。

管理学上有一条著名的定理："没有平庸的人，只有平庸的管理！"管理者只有知人善任，让下属去做他们适合的事情，才能充分发挥他们的工作潜能，实现人力资源的有效利用。

很多精明能干的总经理、大主管在办公室的时间很少，常常在外旅行或出去打球。但公司的营业丝毫未受不利的影响，业务仍然有条不紊地进行着。他们是如何做到这一点的？只有一条：善于把恰当的工作分配给最恰当的人。

可是要真正做到"人得其位，位得其人"并不是一件容易的事情。选人用人之道，博大精深，是所有想在领导职位上待得长久的人、所有立志于凝聚人心、干一番事业的人必须练就的本事。作为房企的管理者，周旋于各色人等之间，必须学会揣摩人性、把握人心，正确识人、择人、用人，为成就大事打下坚实的人力基础。

⊙ 让下属看到未来

人活着得有一个奔头。许多房企的管理者忙于自己的前途，时常会忘记手下一帮人的未来还握在自己手里。

跟中高层的管理者比较起来，下属职位不高、薪资不高、缺乏安全感，他们的位置还有可能被取代，如果管理者不为下属规划一条路、确定一个方向，下属怎么能安心工作？除了用车子、房子、奖励、荣誉、官职等方式留住人才外，管理者还要为他们提供发展平台与施展才华的舞台。

如果人才的能力在其岗位上施展不出来，人才就会有想法。房企管理者要按照员工的特长为他们提供更广阔的发展平台和施展才华的舞台。中高层管理者作为公司的骨干，首先要支撑起公司，让公司有发展前途，这样才能让下属不用担心随时可能被裁掉；其次，管理者作为下属的职业导师，要注意帮助下属成长，让他们具备为自己挣前途的本事。

给下属前途，最好的方法莫过于帮助下属制定职业规划。一份好的职业规划不但有利于房企人员稳定，还有利于房企效益增长。一个人有了稳定工作，便会重视机会，因为机会代表着提高、培训、加薪、升职。

那么，如何做才能让员工对自己在房企的未来产生信心呢？

1. 展现房企的真实面貌

房企中有许多业务工作属于公司机密，但也有更多的日常内容能使员工更了解公司。让员工了解公司是建立信任的第一步，适当的真诚与沟通能够加强员工的房企归属感。

2. 帮助员工梳理职业规划

可请人力资源部门的同事适时地帮助公司新人梳理职业规划，使个人规划可以与公司的发展相结合。这对于员工个人与公司双方都能产生巨大的好处。

3. 做好公司文化宣传

让员工了解公司价值观，让员工认同公司的价值观，才能让员工对于公司产生类似于家的依赖，让员工在房企中对自己的未来充满信心。

4. 建立有益高效的沟通体制

公司与员工之间、领导与员工之间加强沟通是非常有益且必要的。让公司、领导更加了解员工的想法，也让员工更加了解领导、公司的想法，不仅可以使领导能够提前了解到一些消极的想法并把其消灭，还可以使员工有被尊重与重视的感觉。

第六节　房地产中高层管理者留住人才的三大法宝

⊙ 支付高工资

管理者必须正视的事实是，工资是吸引人才一大动力。

华为崛起的重大秘密是华为的人人股份制。在华为的股份中，任正非只持有1%，其他股份都由员工持股会代表员工持有。任正非说，不要自己赚了100块还不愿意给别人10块钱，当你失去一员干将时你可能只能赚30块了。

员工的梦想很现实，他必须要生存。如果员工工作懒怠拖沓，员工要求加工资，原因不在员工身上，而是管理者身上。如果中高层管理者不珍惜员工，员工自然不会珍惜自己的产品。中高层管理者永远要明白，你的价值和产品不是你创造出来的，是员工创造出来的，要让员工感受到——我不是机器，我是一个活生生的人。

如果员工连基本的生活保障都得不到满足，他们在这儿工作没有得到荣耀、没有成就感、没有很好的收入，怎么让他为你而骄傲？工资要不要涨？一定要涨！

1. 用"薪"驱动人才

好的机制可以让庸才变成天才；坏的机制则可以把天才变成蠢材。

首先，员工干任何事情都应该有利益驱动，不要指望员工在不给任何回报的情况下就去干活，世界上永远不会有免费的午餐。所以，优秀的企业管理者应该明白，企业中任何一个职位上的功能都应该和经济利益挂钩。

有一家房产销售公司，房产销售量越多，文员就越不高兴，因为要办按揭、房产证的工作量增加，但她的工资还是一样，于是老拖着不办。后来，管理者制定了一套薪酬方案，给小姑娘增加了提成——按房产销售额的比例来做提成。可是，时间一长又出新问题了，小姑娘光顾着办别墅、大户型的房产证、手续了，不怎么理那些小户型的手续办理。薪酬方案再改，按销售套数来做提成，因为每套房手续办理的工作量都是差不多的，这样制度就公平了，小姑娘做事有积极性了，房产销售企业也有效率了。

从这个例子可以发现，发放薪酬对员工行为的影响很大。所以，每一位中高层管理者都要掌握正确发放薪酬的方式、方法，来有效地驱动员工。

2. 重赏之下必有勇夫

这句话确实有一定的道理，但重赏也要区别对待，比如要考虑不同岗位的贡献价值，要体现重赏的意义和价值所在，否则花了钱也未必能达到相应的效果。

有一家房地产企业中员工的普遍薪酬都远远高过市场水平，一个普通出纳月薪4000元，会计5000元，业务员的平均年薪为40万左右，但员工还不满足：出纳觉得业务员工资高，整天嚷着要转去做业务；业务员觉得出纳一天到晚什么事不干还拿这么多钱，找她办点事推三阻四，也诸多不满。于是，公司扯皮事件时有发生，工作效率低下，但又没有员工主动离开，员工流失率极低，人浮于事，尾大不掉。

这就是典型的高薪低效的体现，根本原因就在于，员工没有意识到收入是来源于自身的贡献和岗位价值，总认为工资是自己上班应得的收入。

3. 薪酬是对员工文化的指引

企业的薪酬方式决定着员工的行为方式。如果管理者总是说以人为本，对员工不吝于付出，但在实际发放薪酬时却习惯性拖欠员工工资，这个月发上上个月的工资，这样是不可能换来员工的投入的。

有一家二手房中介公司，店长不愿意带团队，只专注于个人业务，大领导不知道用什么方法能改变这种局面。调查发现，这家公司的提成方式是这样的：业务员个人提成比例是25%，销售经理个人业务提成是30%，底薪是业务员的两倍，没有团队奖励。

在这样的分配方式下，店长当然热衷于做个人业务。于是，这家公司将提成方式做了调整，店长拿团队奖励的5%，再加个人业务提成的20%，这样一改，店长就将注意力集中到了团队管理及帮助团队成员成交上面了。

⊙ 将下属培养成接班人

一个房企在发展过程中往往会面临这样的困惑：人才培养跟不上房企扩张；高级管理者和高技能人员缺乏；一线技术工人离职率高……

在实际操作过程中，一方面房企管理者因顾虑被取而代之而不敢去培养下属；另一方面，当房企面临选拔人才或扩张时又无法迅速选择接替者，人才青黄不接，这对房企的发展是极为不利的。当前很多房企面临着共同问题：严重的金融危机和人才的匮乏，简直可谓内忧外患。因此，我们迫切要做好人才的培养工作。

培养好下属和接班人就是给房企管理者减轻工作压力，减少工作中的烦恼；就是给房企减少安全隐患，减少人工成本，最终为公司创造更多价值，因此可以从以下方面努力：

1. 设立一套良好的招人选人机制

招好人才，招杰出人才，招岗位适用的人才，是培养人的前提。好种子才能结好果子，只有招一些思想、文化、素质高的员工，房企才能得到良性发展。因此，面向学校招聘时，应选择文化氛围好、学生素质高的学校进行招聘；面向社会招聘时，应聘者个人的文明礼仪也作为重要的考量标准。

2. 设立一套良好的育人机制

每个部门经理都来做人力资源工作，而不是仅仅靠人力资源管理部门，同时给人力资源管理部门提供管理者才的发展计划，人力资源部门要给其制订例行的计划。

同时，还应做好技术工人的培养工作，特别是关键岗位人才的培养工作和师带徒工作。只有员工觉得在房企中能学得到知识、工作有挑战、有激情、有晋升机会，才能积极主动工作，并全心全意留在公司。

3. 设立一套良好的用人机制

给人才提供良好的表现机会和舞台，建立公开、公平、公正的用人环境，实行能上能下、能进能退的用人机制，用结果与业绩说话。

4. 设立良好的留人机制

房企招得进人、育得好人、用得好人，还要留得住人才，这样才能进入一个良性循环的轨道，否则只是在给别人做免费培训。这就要求房企要建立内部共享的价值观、共同的文化认知。

着力房企内部培养人才机制的建立，注重房企人才的内部培养，有利于给员工和房企管理者以上进的动力和希望。同时，内部培养晋升的人才在基层经过多年的锻炼，对公司的业务情况和运作管理都很熟悉，对公司的发展方向亦能准确把握，可以避免出现外行领导内行和发生房企文化冲突等情况。

第十一章

乐在工作

——房地产中高层管理者的职业心态

心态不健康，何谈做好管理？要想让自己的业绩不断提升，就要具备良好的职业心态，如具备卓越的管理能力、良好的工作态度、最佳的人缘等。同时，还需要态度积极、心态阳光、勇于承担、全力以赴……唯有如此，房企中高层的管理工作才会变得轻松起来。

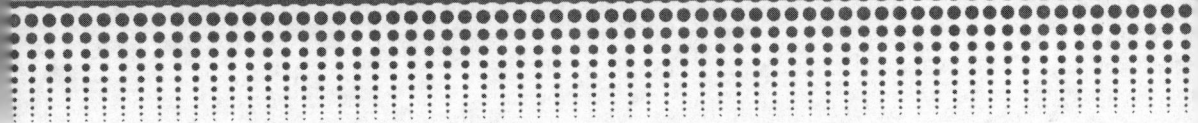

第一节 房地产企业需要"三好"管理干部

⊙ 能力好

身在房地产企业，很多人都渴望有一天能做上中高层管理者，但是，你知道房企中高层管理者应该具备哪些能力吗？现在，来分析一下一个好的房企管理者应该具备的能力。

1. 责任心强

责任心是指个人对自己和他人所负责任的认识、情感和信念，是一个人应该具备的基本素养，作为一名房企管理者更应该具备责任心。因为，只有具有责任心的房企管理者才会认识到自己的工作在组织中的重要性，才能把实现组织的目标当成是自己的目标。

2. 有德有才

一名好的房企管理者必须是德才兼备的，德才是分先后顺序的，先德而后才，也就是说我们可以先无才，但是不能先无德，有才无德是危险品，有德有才才是正品。

3. 团队建设

团队建设是指有意识地在组织中努力开发有效的工作小组。组建自己的团队是作为房企中高层管理者必须具备的能力，团队建设不但包括人员的组建，还包括团队成员的发展等，是一系列综合能力的体现。

4. 专业能力强

房企管理者不仅肩负了管理任务，同样也肩负了业务工作，所以个人过硬的专业能力以及强大综合能力是在组织中"让人心服口服"为前提。只有这样，下属才会踏实的工作，否则一个没有能力之人当上领导难免会使下属不服，从而会引发各种问题，因此过硬的专业能力是作为一个优秀房企管理者的必要条件。

5. 领导力强

领导力是指在个人管辖的范围内，充分利用人力和客观条件以最小的成本办成所需的事，且提高整个团体的办事效率。古语有云，"韩信点兵，多多益善"，是因为韩信能够充分发挥每个人的作用，作为房企管理者这一点很重要。

6. 协调能力强

协调能力是指决策过程中的协调指挥才能，这点对于中高层房企管理者尤为重要，因为他们担任着承上启下的作用。首先是介绍上级领导的任务，然后分派任务给下属，如果房企管理者做得不到位，使得任务不能准确被传达，会极大地影响工作效率，因此作为一个好的房企中高层管理者协调能力一定要强。

7. 沟通能力强

沟通能力指沟通者所具备的能胜任沟通工作的优良主观条件。同协调能力一样，是房企管理者应该具备的一项能力。不同之处在于，沟通需要用心，沟通需要智慧，沟通需要理性，沟通能架起人与人之间的桥梁。

8. 体恤下属

三国的刘备之所以有那么多贤士猛将追随、那么多百姓拥戴，皆因他体恤下属，体恤百姓所致，这也是成为像刘备一样的好的房企中高层管理者必备的条件。

⊙ 态度好

有态度地工作才能做好工作。在工作上，往往是态度第一，能力第二。工作能力是工作的重点，这很重要，但单纯的能力赢得不了对方的尊重，良好的态度却可以轻松实现这一点。

态度决定一切或许太绝对，但却不是空话。态度是工作的先行者，也是一块敲门砖。对房企中的中层管理者而言，工作态度更是要注意，不管是对上还是对下。具体而言，主要有以下几点：

1. 少扯闲淡，多谈正事

很多中层管理者喜欢和上级扯东扯西，却很少谈工作。当时，上级可能因为话题很兴奋、很high，但当他回过神来后一定很不开心，心想"他到底给我的企业带来了什么？"

在工作项目上，最好的工作精神是"少扯些淡、多谈点事；能直接、不绕弯；能现在、不推后"；同时，践行了"白加黑、5+2"的方式工作，和客户一起干，带着客户一起熬，客户熬不下去了，好评上来了，最核心的业绩也就上来了。

2. 该拍桌子的时候，就拍桌子

作为房企的中层管理者，要解决房企的很多问题，有不同的意见就要表达，遇到需要强烈反对的问题甚至要敢于和高层拍桌子。虽然当时上级的脸色会不好看，但他们回去仔细一想，知道你确实是在为公司努力、为工作着想，就足以为项目组加分了。

3. 建立规矩，首先是为了约束自己

建立了严格的规矩后，中高层管理者一方面应带头执行，另一方面规矩不仅是约束对方的，也是自我约束，从而让双方为项目的执行奠定良好的基础。

4. 保持正直，才能站得直

只有自身端正，才不怕其他风言风语的袭击。

5. 在不懂的地方就该低头

作为中层管理者，在很多一线工作中不懂的地方远比懂的地方要多得多。所以，遇到短处的时候，要彻底丢掉房企中层管理者的架子，去到各地学习先进经验。即使自身有长处，也不要放弃取经。因为我们的长处是跨行业的，远不如在客户系统内的最佳实践转化快、有效性高。

低头并不代表失去自信，必须有这个自信：在低下头的那一刻，已经胸有成竹。

6. 表功只在秋后算账

在一次次成功的面前，涉及员工工作时以鼓励为主；涉及自己的工作时只讨论过失，不谈功绩。如此，能让员工得到自信，也让上级对自己的责任感有认识。

⊙ 人缘好

什么是"人缘"？通俗点讲，人际关系就是"人缘"。在政界，一提"人际关系"，人们就会把它同"拉关系""走后门"等不正之风联

系在一起，似乎房企的中高层管理者压根就不该讲"人际交往"，只有埋头工作才是正道，其实不然，在社会生活中，人不是一个孤立的、不与周围发生任何关系的封闭体，人与人之间每时每刻都在进行交往，房企管理者也不例外。那么，房企管理者应该有怎样的"人缘"呢？

1. 严格要求自己

一般说来，一个有威信的房企管理者也一定会有"人缘"。因为，房企管理者的"人缘"是自己在实施领导过程中严以律己、以身作则所表现出来的巨大感召力和凝聚力。它有别于其他人的那种以纯粹的"感情"为基础建立起来的人际关系。所以，房企管理者要想获得"人缘"，必须先对自己严格要求。

一是要在行为上严格要求。房企管理者的行为是其政治素质、道德素质和能力素质的综合体现，其行为不仅反映出了管理者的特点，还关系着自己的威信，甚至影响着管理者的"人缘"。因此，中高层房企管理者要提高自己影响力，应首先检点行为。一个言行不一、不干实事、溜须拍马甚至贪财、贪色、贪权的房企管理者是不会得到人们拥护的。只有坚持原则，作风扎实，才会受到众人的尊重和爱戴。

二是要在语言上严格规范。宣传群众、发动群众、组织群众是房企管理者的重要职责，而宣传、发动和组织过程都要靠语言交流来完成。所以，房企管理者必须严把语言关，切忌在普通员工面前说大话、空话、假话和脏话，要尽可能多说一点关心人、鼓舞人的话，这样才能提高房企管理者的感召力。

三是要在处事上合理、公正。房企管理者处理事情一定要大公无私、合情合理，切不可拿原则做交易，用权力换交情，这样会因"办事不公"而遭到众人的反对。

2. 谦逊对待客户

古人云："满招损，谦受益。"谦虚是中华民族的传统美德，谦虚不仅能使人进步，还有助于人际交往。实践证明，一个内心充满妄想和邪念的人，心理会发生障碍而不能接受他人的善言；一个人一旦处于骄狂心态之下，就会在自我封闭的圈子里产生自满，会招致他人的嫉恨，最终四面楚歌，成为孤家寡人。

在现代领导活动中，房企管理者应时刻保持谦虚的态度，切不可因职务的提升而忘乎所以，甚至欺压客户。

3. 宽容对下属

房企管理者在社会交往中要能够与不同性格、不同层次、不同特点的下属相处，要对他们表现出宽容、豁达，要能听取不同意见，善于在非原则问题上求同存异。不要眼里容不下沙子，对部下的缺点或个性瞧不惯、看不顺，处处对下级横挑鼻子竖挑眼，不仅会损伤下属的面子，更伤害了彼此之间的感情和团结和谐的上下级关系。

房企管理者若能宽容下属，就等于对下属施以"滴水之恩"，下属必将付出更大的努力甘以"涌泉相报"。所以，房企管理者不仅要结交志同道合者，而且要善于结交意见分歧者。

没有点"宰相肚里能撑船，将军额上能跑马"的宽容大量，是不能广结天下贤士的。要做好的房企管理者，必须团结自己所不喜欢和不愿接近的人，称赞其对的方面，批评其错误的方面，帮助他们改进。这也是中高层房企管理者获得"人缘"的一个重要方法。

4. 对上级要坦诚

房企管理者不仅要处理好与客户、与下属的关系，还要处理好与上级领导的关系，这是房企管理者不可忽视的一种特殊的"人缘"关系。

　　有的房企管理者虽然与客户能打成一片，与部下也能肝胆相照，但是与上级领导的关系总是疙疙瘩瘩。这不仅有碍于个人的进步，还会影响工作，与上级领导建立良好的人际关系也必须以"坦诚"为基础。

　　首先，要尊重领导，只有尊重领导，才能取得信任。因此，在工作中，遇事要真心真意地和上级领导亮明自己的观点，表明自己的态度，切不可在领导面前玩弄伎俩、耍小聪明，甚至当面说好话、背后唱反调。即使存在一些分歧和意见，也应该开诚布公地和上级领导讲明情况和原委，万万不可把意见和想法窝在心里犯嘀咕。大凡领导都爱结交光明磊落、言行一致、诚实直率的下属，那些口蜜腹剑的中层，不仅下属唾弃，上级领导也厌恶。

第二节　房地产中高层管理者必备的十大职业心态

⊙ 积极阳光的心态

　　无数事实告诉我们：人的心态对事业的成败有着十分密切的关系，一个人要想成功，除了各种必不可少的客观条件外，还必须有良好的心态作支撑。房企的管理工作更是如此，因为一个人在尚未成为管理者之前，他的情绪、情感与心态只同自己的成长有关；当他成为一个管理者之后，他的情绪、情感与心态就与别人的成长有关。因此，房企管理者不仅应具备高超的管理才能，还需要具备良好的心理素质。

　　生活是一种态度，你能驾驭自己的心态，其实就开始了你的精彩人生。生命需要阳光，心态更需要阳光。阳光心态是一种积极、宽容、感恩、乐观和自信的心智模式。成功也是一种心态，生活没有固定模式，应该像阳光一样灿烂。

阳光心态是积极、知足、感恩、达观的一种心智模式。具备阳光心态的人深刻而不浮躁，谦和而不张扬，自信而又亲和，在房企中也能帮助员工缔造自我内心和谐、家庭和谐和团队和谐。

☉ 正面思考的心态

思想就是力量，思考力就是能力。领导力的真正内涵是由思考力所产生的正确决策和准确判断的才智，并用此进而征服部下的心的能力，它不但要求管理者具有思维的直觉、商业直觉与理性分析的平衡能力，还要有由心态开放与胸襟广阔的人格魅力所散发的光辉，使部下愿意追随并不断努力，从而逐步接近并实现企业的目标。

红顶商人胡雪岩说过："如果你拥有一县的眼光，那你可以做一县的生意；如果你拥有一省的眼光，那么你可以做一省的生意；如果你拥有天下的眼光，那么你可以做天下的生意。"这里的眼光也是审时度势的思考力和判断力、调配与整合资源的能力以及开拓进取的精神和财取天下的豪情。

很多房企表面上看是缺乏发展战略，实则是领导或中层高管没有思考力，对所处环境和行业没有深刻透彻的洞察和了解，对企业自身的优势和劣势没有明确的认识，所以不能制定出适应环境变化和房企发展的长期战略，更不可能带领房企迈向国际化。

为什么有的房企一直被模仿但从未被超越呢？因为它们的中高层管理者始终保持着思考力，不断超越和完善自己，在成长的过程中兼收并蓄各种先进的管理理念和方法并结合房企或个人自身情况融会贯通，才奠定了房企或个人在行业中的话语权与领导地位。

角度决定深度，思路决定出路。管理者思考的势能不但可以转化为房企发展的动能，而且可以形成影响或者推动市场的动能。有思考力才有领导力，否则，只是机械式的管理，离领导相差甚远。

⊙ 学习提升的心态

作为中高层管理者，要想带领团队打胜仗、要想在激烈的人才竞争中胜出，必须不断地进行自我修炼、必须不断地学习，以下几个方面的修炼尤其值得中高层管理者注意。

1. 改变固有的思维模式

思维模式是指个人了解外在世界及采取行动的一些习以为常认为理所当然的想法、成见或印象。每个人对周遭人、事、物都有自己的看法，这样的思维模式不仅影响着我们如何了解事物，也影响着我们的行为。

企业的中高层管理者多少都会有自己的成功之处，无论是专业方面还是能力方面，但不能因为之前成功的历史就简单地认为既然以前的思维模式能改变我、成就我，我就什么都能按原来的方式去做；我既然在这里能成功，那么我在那里也能成功，用过去指挥未来。因为过去成功的经验可能会变成未来的陷阱，最好的方法是可以随时改善思维模式，以一种开放的心态去对待工作。如果不改变思维模式，今天的成功可能到了明天就成了失败。

2. 培养良好的习惯

习惯是一种恒常而无意识的行为倾向，反复地在某种行为上产生，成为心理或个性中的一种固定的倾向。成功与失败都源于你所养成的习惯。只要掌握思想，养成正确的习惯，人是可以掌握自己的命运的，而且每个人都可以做到。

习惯有些是具体的，有些则是模糊的，但好的习惯是可以描述出来的：

（1）日清日毕，决不拖延。作为中高层管理者，每天都会接到来自最高层的工作指令、来自其他的部门的协作要求以及来自下属的工作请示等，事情很多。在这种情况下，做到"日清日毕"就很有必要。规定当日完成或在一定时间完成的工作尽量要按时完成，拖拉的结果必然是影响今后的工作计划。长此以往就会形成一个恶性循环，总会有事情做不完，总会有事情打断手头的工作，工作效率必然大受影响。

（2）讲究协作。为顺利地实现工作目标，中高层管理者需要习惯与人合作，而不是单打独斗。与人合作包括与其他中高层管理者合作，也就是部门间的合作。对中高层管理者而言，所要完成的工作就是实现企业战略，仅靠某个部门是不可能实现的。所以，中高层管理者之间需要加强合作。

（3）时常反思，学会总结。很多中高层管理者经常被大量的工作所包围，每天只是埋头被动地完成来自高层布置的任务，日复一日年复一年，结果令自身的能力的提升速度大大降低。养成反思的习惯，可以总结更多的经验和教训，同时也能不断地修正今后的工作，可以非常清楚地看到自己迈出的每一步。反思应该是一种持续不间断的过程，而不是事到临头才去抱佛脚，这样能很好地把握自己要做的任何事情。

⊙ 认真负责的心态

一位高级主管曾经说过："把我的资产全部拿走，只把组织留给我，五年之内我能使一切恢复旧观。"是的，房企的成功绝非幸运的偶然，它是建立在实实在在的努力上的。

在房企中，任何事都起于管理，止于管理。为了有效地工作，管理必须责任分明。哈瑞·杜鲁门当美国总统的时候，在办公室挂了一个牌子："责任止于此处。"每位管理者都应该接受这句座右铭。

如果你望公司一眼，不喜欢那些工作人员，别责怪他们，过错在你自己身上；如果你不喜欢你的业绩，观察一下自己，别光观察市场；如果你不喜欢你的利润率，别怪通货膨胀，好好看一下自己是怎么经营的……责任一定要随着管理而停止推诿。如果管理者不使它停止，迟早它会把你推下岗位。有效的房企管理者，会为事情的结果负起个人的责任。

房企管理者必须承担起责任，这是毋庸置疑的，关键是房企管理者必须明确自己应该承担的责任是什么，管理者身上有以下三个基本责任：

1. 贡献的责任

房企管理者必须使自己的努力和付出产生成果或者有助于房企产生经济成果。房企管理者必须对工作成果负起责任，否则许多普通岗位员工的工作将成为无用功。

2. 集中的责任

在管理现实中，有很多工作其实是不直接产生绩效的，但是，只要是工作，就会消耗资源，一个有效的设计和一个无效的设计通常消耗的资源都是一样的，所以房企管理者有责任有计划、有系统地放弃无效的工作，把资源释放出来，努力集中资源到有效的工作上来，为组织取得更佳的经济成果。

所以，房企管理者有责任去评估自己所负责的人和资源投入的活动或者项目，评估它们的意义和成果，而不是看着它们正常运转就可以了。房企管理者还有一个更重要的责任，确保自己所掌控的资源投入到能产生成果的机会上来，而不是任由员工瞎折腾。

3. 创业的责任

房企管理者有根据实际情况不断组织学习、发现未来机会，为所负责的房企创造未来的责任。未来一定会来临，未来一定同今天不一样，负责的房企管理者不是在预测未来，而是要思考如何赢得未来的竞争优势，今天要怎么做。

房企管理者必须从事有目的、有系统的创业活动：一方面系统学习，构建学习型组织，不断改进提升组织的"知识"，为房企的未来赢得先机；另一方面，让房企外部的优秀人才、资源了解和理解房企所努力追求的事业，吸引、整合资源，创造房企的美好未来。

⊙ 勇于承担的心态

在每一个组织中，有不同层级的房企管理者，肩负着不同的分工和使命。房企管理者不应是高高在上、颐指气使的特权群体，更应有着更大程度的担当。一个有担当的房企中高层管理者会在公司中有着更高的威信和更忠实的下属，有更高的个人魅力和管理能力，能够更出色地完成使命。

有担当的房企管理者应当具备如下几个素质：

1. 利用一切机会培养人才

有一些房企管理者特别是在中层管理者，不大重视部门员工的能力培养，更有甚者，担心有些能力特别出色的员工会"功高盖主"，太露锋芒，盖过自己的能力，抢了自己的风头。

其实，房企管理者在工作中应当承担着"员工培养"的使命，要重视机会教育，在发现员工工作方法、作风有问题时，要及时更正并利用好这次机会，教会其正确的工作理念。

教育是人力资源部的事情，这样的想法是错误的。一个主管应负七成的责任去教育他的下属，只有三成的责任是靠人力资源部门，而且人力资源部门只管基础性教育。将自己的下属培养起来，无论对公司大局还是对员工的职业生涯都大有裨益，房企管理者不能只从个人角度出发，只顾个人得失，久而久之反而会失去人心。

2. 一视同仁、机会平等

在公司文化中不应有"三六九等"的观念，无论是对待本部门的员工，还是其他部门的员工都应一视同仁。应当树立所有员工都是公司大机器中不可缺少的螺丝钉的观念，缺一不可，无论是员工还是房企管理者，都值得尊重。

公司制度约束着每一位员工的行为，管理者不能以个人偏好特别优待某些员工，也不能因为工作分工而滋生优越感。在一些房企中，销售部从上到下都有着非凡的优越感，因为他们认为自己是为公司创造效益的部门，理所应当在公司中趾高气扬。

作为公司的高层房企管理者应当杜绝此类现象，如果这种氛围大肆蔓延，会挫伤其他部门员工的积极性。中高层管理者是房产公司文化的掌舵人，一旦发现有负面文化在公司中滋生，就要从源头处杜绝，以身作则，避免公司出现"特权群体"的状况。

3. 了解下属、用人之长、因材制宜

房企管理者要主动研究、深入了解下属，从他们的行为、动作、眼神、语言、思想上去判断每个人的性格、能力特点，要看员工的长处，能用人长处。

不同的员工有着不同的文化、成长背景，房企管理者应该关注这些细节问题。员工需要房企管理者的肯定和鼓励，房企管理者应承担伯乐的角色，每一个员工在不同的领域都有可能成为千里马。

4. 善于控制情绪

一个成熟的房企管理者应该有很强的情绪控制能力，当管理者情绪很糟的时候，很少有下属敢汇报工作，因为担心领导的坏情绪会影响到对工作和自己的评价。

一个高层房企管理者情绪的好坏，甚至可以影响到整个公司的气氛。如果你经常由于一些事情控制不了自己的情绪，就有可能会影响到公司的整个效率。从这点意义上讲，当你成为一个房企管理者的时候，你的情绪已经不单是自己私人的事情了，它会影响到你的下属及其他部门的员工；而且职务越高，这种影响力越大。

当管理者在批评一个员工时，要控制自己的情绪，尽量避免让员工感到你对他的不满。为了避免在批评员工时情绪失控，最好在自己心平气和的时候再找员工谈话。

⊙ 真诚用心的心态

真诚有时可以"四两拨千斤"。

韩国某大型公司有一个清洁工，这本来是一个最被人忽视，最被人看不起的角色，但就是这样一个人，却在一天晚上公司保险箱被窃时与小偷进行了殊死搏斗。

事后，有人为他请功并问他的动机时，答案却出人意料。他说当公司的总经理从他身旁经过时总会真诚的赞美他"你扫的地真干净"。就是一句简单的真诚赞美使这个员工受到了感动，并对自己供职的企业"以身相许"。

美国著名女房地产企业家玛丽·凯经理曾说过："世界上有两件东西比金钱和性更为人们所需——认可与赞美。"真诚赞美下属的领导，使员工们的心灵需求得到满足，并能激发他们潜在的才能。打动人最好的方式，就是真诚的欣赏和善意的赞许。

房企管理者的真诚应该在日常工作中处处体现，唯有这样，那些堆积如山的管理理论和模式才能起到一定的辅助作用，因为一切的管理理论和模式都必须以"真诚"根本前提。

我们经常会听见各种管理理论或管理模式，但是还是觉得做管理很难，让管理出效益更难。为什么呢？难道是理论不够丰富？模式太少，不够选择吗？这些都不完全是问题的答案。现行的理论和模式大多是"空中楼阁"，与实际相差甚远，再多的理论和模式也很难解决实际问题。

管理难，难在"真诚"的缺失！房企管理难的根本原因还是出在房企管理者本人的心态上，是由于缺乏人与人之间应有的"真诚"，管理者怀着纯粹"利用"的心态来管理下属。

这样的心态能管理好吗？回答当然是否定的。但是现实中这样的房企管理者却很多，他们在把别人当傻瓜的基础上，随心所欲地利用下属。只是，"傻瓜"毕竟只是极少数，大多数人是很聪明的，房企管理者不能一厢情愿地把别人都当作傻瓜、认为糊弄糊弄就行了。时间一长，下属自然就会发现领导的用心。试问，那时，你还能像之前那样利用自己的下属吗？当然不能。

⊙ 团队协作的心态

个人英雄主义是一种极具冒险精神的激进思想，是一种趋向于征服和权威的个体意识，它相悖于团队精神和合作的力量。下面我们从历史的层面来看看个人英雄主义的弊端：

关羽是我们很熟悉的一个古代英雄，忠义勇猛之士。斩颜良，诛文丑；过五关，斩六将；刮骨疗伤，开疆拓土，一心匡扶汉室。此人不论放在何处，都堪称大英雄。但是，因为自己刚愎自用、不听劝告、自以为是，让当时虽已成鼎立之势但实力最弱的吴国白衣渡江，夺了荆襄九郡十八州，败走麦城，让蜀汉政权葬失了一统华夏的战略要地。

再来看另一个大英雄失败的例子，就是项羽。

当时秦王朝已经瓦解，霸王项羽于巨鹿之战一举歼灭秦军主力四十余万，自恃功劳最大，并取得了诸侯上将军的地位，统率诸侯之兵，实力雄厚。

同时，楚地另一路刘邦所率义军得以乘隙率先进入咸阳，按照楚怀王"先入定关中者王之"之约，刘邦欲称王于关中。项羽亦率诸侯军四十余万直奔关中。

而项羽自认灭秦功高，自恃强大，遂自行分封天下，并拒绝把先入关的刘邦封为关中王，将其改封到汉中为王，最后引发战争，导致失败。

这样的例子不胜枚举，中国有，外国也有，比如遭遇滑铁卢的拿破仑，导致英国巴林银行破产的区域经理里森……当他们的个人英雄主义表现到极致的时候便会产生膨胀心理，会不顾客观事实而是从主观意识方向行事、做人，其结果后人有目共睹。

一个优秀的房企管理者应当懂得如何搭建并管理好他的团队，搭建一个团队需要明确这个团队中所需要的不同角色，针对工作内容细分出对应的性格以及能力要求，再进行人员选拔或匹配，这样形成的团队相互之间具有互补性，有利于发挥出个人优势和避免个人不足，通常这样方式组建的团队在协作能力上也更强。

很多房企在因项目或业务构建新团队的时候，往往更多关注团队的管理者，注重其个人经验与能力，忽略团队成员的定位与筛选，这样总会出现人员更换频繁、大量沟通、效率低下等严重内耗，等理顺了团队内部的问题，最佳发展时机也错过了，房企还为此付出了巨大的成本。

俗话说"磨刀不误砍柴工"，从团队初创期就进行人员规划，让团队中的每个成员都具备认知团队需求的优势；通过差异化培养使个体具备以确定行为对团队需求做出正确反应的能力。这不仅能够减少团队磨合过程中的损耗，也能够适应市场环境的快速变化，把握最佳作业时机，为房企创造效益。

一个团队由众多个体所组成，所有的团队都是更大团队的一个组成部分，不论是房企小团队的管理者还是大房企的房企管理者，让员工发挥出自身的优势，认识到他们在团队中的重要性，认同团队的文化，满足员工的成功梦想，才能够使团队或房企充满活力，才能够实现房企与员工的双赢。

⊙ 务实的心态

我们都听说过"猴子捞月"的故事：

一群猴子在林子里玩耍，有的在树上蹦蹦跳跳，有的在地上打打闹闹，好不快活。一只小猴独自跑到林子旁边的一口井旁玩耍，它趴在井沿，往井里边一伸脖子，忽然大叫起来："不得了啦，不得了啦！月亮掉到井里去了！"原来，小猴看到井里有个月亮。

一只大猴听到叫声，跑到井边朝井里一看，也吃了一惊，跟着大叫起来："糟了，糟了，月亮掉到井里去啦！"

它们的叫声惊动了猴群，老猴带着一大群猴子都朝井边跑来。当它们看到井里的月亮时，都一起惊叫起来："哎呀完了，哎呀完了！月亮真的掉到井里去了！"

猴子们叽叽喳喳地叫着、闹着。最后，老猴说："大家别嚷嚷了，我们快想办法把月亮捞起来吧！"众猴都义不容辞地响应老猴的建议，加入捞月的队伍中。

井旁边有一棵老槐树，老猴率先跳到树上，自己头朝下倒挂在树上，其他的猴子就依次一个一个你抱我的腿，我勾你的头，挂成一长条，头朝下一直深入井中。

小猴子将手伸到井水中，对着明晃晃的月亮一把抓起，可是除了抓住几滴水珠外，怎么也抓不到月亮。小猴这样不停地抓呀、捞呀，折腾了老半天，依然捞不着月亮。

倒挂了半天的猴们觉得很累，都有点支持不住了。有的开始埋怨："快些捞呀，怎么还没捞起来呢？"有的叫着："我挂不住啦！挂不住啦！"

老猴子也渐渐腰酸腿疼，它猛一抬头，忽然发现月亮依然在天上，于是它大声说："不用捞了，不用捞了，月亮还在天上呢！"

众猴都抬头朝天上看，月亮果真好端端在天上呢。

众猴不了解井中月亮的真相，以假当真，所以空忙一气，又愚蠢又可笑。

后人用成语"猴子捞月"概括一群猴子看到水中的月亮漂亮就去捞的故事。虽然猴子们很有方法，也能团队作战，又很努力，但到头来却是"竹篮打水一场空"，费尽百般周折终发现是倒影，导致团队情绪很沮丧，失去奋斗的动力。

故事浅显易懂，折射出这样的道理：首先，猴子团队的努力方向是错的，再努力，结果也是徒劳。其次，猴子团队目标是一种假象，犯了战略性的低级错误。最后，猴子团队的管理者缺少阅历和常识，分明是水中倒影的月亮，却异想天开地认为是真的月亮掉到水中，十足的盲目。

这个故事投射到现实生活中，说明人易被现实的表象所迷惑，容易迷失自我，迷失方向。作为团队中的领袖型人物，房企管理者不能明辨是非，缺乏常理思维，发布错误的指令而导致徒劳，这是最大的成本！

身为一名房企管理者，只有具备睿智的头脑，看透事物本质的思维能力，才不会发出错误的指令。同时，制定清晰的、可实现性的团队战略目标非常重要，房企管理者要打造的是狼性团队，而不是猴子团队。

给猴子一棵树，让它不停地攀登；给老虎一座山，让它自由纵横。也许，这就是房企管理用人的最高境界。

⊙ 全力以赴的心态

不管做什么事情，尽力而为与竭尽全力所取得的结果是迥然不同的。在此，讲一个有关竭尽全力的故事：

一年冬天，猎人带着猎狗去打猎。猎人一枪击中了一只兔子的后腿，受伤的兔子拼命地逃生，猎狗在其后穷追不舍。可是追了一阵子，兔子却跑得越来越远了。

猎狗知道实在是追不上了，只好悻悻地回到猎人身边。猎人气急败坏地说："你真没用，连一只受伤的兔子都追不到！"猎狗听了很不服气地辩解道："我已经尽力而为了呀！"

兔子带着枪伤成功地逃生回家了，兄弟们都围过来惊讶地问它："那只猎狗很凶呀，你又带了伤，是怎么甩掉它的呢？"兔子说："它是尽力而为，可我是竭尽全力呀！它没追上我，最多挨一顿骂，而我若不竭尽全力地跑，可就没命了呀！"

通过这个故事不难看出，不管做什么事情，如果仅仅是尽力而为，所付出的精力便不会集中，成效便不容易明显，只有竭尽全力，才有可能把事情做到完美。正因为必须全力以赴，潜在的本能和不为人知的特质终将充分展现出来。一个人事业是否成功的关键就是看他有没有将心注入事业中。

很多时候，我们在做着一项工作，而心却始终游离于它，只在八小时里去想它，八小时之外便是业余生活了，认为自己为什么还要去想工作？即使在有限的八小时里，我们还有很多其他的事情要处理，还要浏览新闻，还要锻炼身体、还要聊天、还要休息，而真正把心思全集中在工作上，往往没几个小时。由于投入工作的精力其实很少，工作的绩效也就好不到那里去了。而往往事业成功的人的最大特征就是对工作痴迷。

开汽车的时候，窗户打开，即便只有60迈的速度，我们也会感觉车子开得很快了；而把窗户关起来，车子开到120迈，我们也不会感觉到多快。干工作也如开车，当耳边总在听外面的声音、什么事都要去关注一下的时候，我们的心是浮躁的，即使自以为很卖力地工作，进展也不会很快。

其实，如果我们的工作业绩远不如他人，很可能因为别人的心是宁静的、专注的，在一段特定的时间里面，他能排除各种干扰，全身心地关注前方的目标，速度自然快，绩效自然会好。能否集中精力做事，其实是一个人的习惯与能力，而这种习惯与能力将直接影响我们一生的成就。

⊙ 感恩的心态

房企管理者应该有"饮水思源"的感恩之心，常思"吃水不忘挖井人"的圣训。在执行之路上，我们曾经走过弯路，或者遇到过瓶颈，或者犯下过错误，但只要勇敢地坚持和团队走下去，一切管理问题都不再是困扰你的大问题。关于感恩，有这样一个故事：

一个天生失语的小女孩从小和妈妈相依为命。妈妈每天辛苦工作后给她带回一块小小的年糕，是她最大的快乐。

有一天下着很大的雨，已经过了晚饭时间了，妈妈还没有回来。天越来越黑，雨越下越大，小女孩决定顺着妈妈每天回来的路自己去找妈妈。当她看见妈妈的时候，妈妈手里拿着一块小小的年糕倒在路旁，已经永远离开了她。

雨一直在下，小女孩不知哭了多久。她知道妈妈再也不会醒来，现在只剩下她自己。妈妈的眼睛为什么不闭上呢？是因为不放心她吗？她突然明白了自己该怎样做。她擦干眼泪，决定用自己的语言来告诉妈妈她一定会好好地活着，让妈妈放心地走……

小女孩在雨中一遍一遍用手语"唱"着这首《感恩的心》，泪水和雨水混在一起，从她小小的却写满坚强的脸上滑过……"感恩的心，感谢有你，伴我一生，让我有勇气做我自己。"她站在雨中不停歇地做着动作，直到妈妈的眼睛终于闭上……

人生漫漫的长路中充满了无限变数，布满了未知的险阻，每个人需要经历若干的困难和挫折。当你遇到困惑迷津，当你遇到生活和工作的不如意，当你厌倦这现实的世界时，总是有一种纯粹的帮助来到你身边，这种帮助不记任何回报。他们的援助之手使我们度过了困境，走出低谷，认清自己，明确前方的路，重新开始自己的梦想之旅。

这些人你是否还记得？有没有好好地感谢一下？很多时候我们忘记了感恩，忘记了别人的帮助不是必需品。饮水思源是一种感恩，感恩曾经给我们帮助的人，哪怕再微小的力量，都值得我们铭记于心。

感恩是中国的传统美德，常怀一颗感恩的心，可以让自己生活更加幸福快乐。感恩节来临时，房企职场中的朋友们，我们应当感谢谁呢？

1. 感恩团队成员

对待团队成员要记得：感恩他们的支持，感恩他们的不离不弃，感恩他们的全力付出，感恩他们的高效执行。同时感恩曾关注、曾帮助、曾指点、曾教诲你走到今天管理岗位上的每个人，因为是他们给你动力，给你激情，给你继续前行的机会！

2. 感恩客户

房企文化第一条就是"客户第一"。客户是企业中所有人的衣食父母，每个人的工资都是客户付出的，因此管理者应始终抱着感恩的心，关注客户需求，提供建议和资讯；站在客户的立场思考问题，最终达到甚至超越客户的期望，帮助客户成长。

3. 感恩公司

进入公司的员工们动机各不相同，有的是为了生存，有的是为了学习提升，有的则是为了实现自己的抱负。公司每月稳定的薪资让员工无后顾之忧，不再为了生计而忧虑；各式的分享和培训让员工可以学习经验和技巧，在前辈的教诲下可以快速提升专业技能；各种晋升职位，让员工可以通过努力，在公司里实现自身的理想。

现在很多房企在裁员、减薪，此时此刻能拥有一份工作、有一个可供发挥的舞台，更要惜福、感恩。

4. 感恩家庭

感谢父母，是他们养育了我们，引导我们健康成长，支持我们走过青涩岁月；在我们困难的时候，是他们温暖了我们的心。

感谢爱人，当你走向他的时候，原想收获一缕春风，他（她）却给了你整个春天，并将与你结伴一直到老。

感谢亲爱的孩子，是孩子带给我们无限的欢乐。

第十二章

向管理要效益

——房地产中高层管理者的十大管理机制

绩效管理是任何房地产企业中都在实施的一种管理策略，为了打造高效的团队，中高层管理者要灵活运用十大管理机制：用对人；多检查；降成本；优化流程；结构扁平化；薪酬设计；管理好；发奖金；多关爱；运用好激励机制。

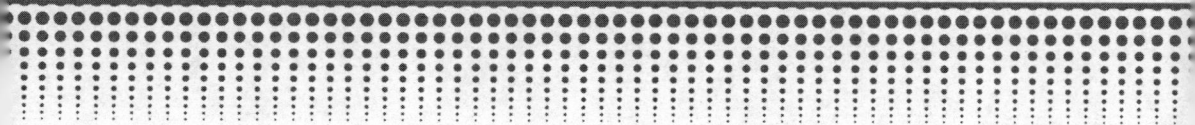

第一节　绩效：房企管理中的"黑洞"

经过多年的研究，我发现绩效辅导是绩效管理中的"黑洞"！没有绩效辅导的绩效管理是不可能取得成功的，这也是目前很多已经实施绩效管理的房企不能突破管理瓶颈的根本原因所在。

1. 绩效考核结果没有得到很好的应用

有些房企的管理者做了很多绩效管理工作，但忽视了一个很重要的环节—结果应用，没有很好地与薪酬、福利、职位变动、培训等结合在一起，没有建立相应的制度做支撑，使结果应用不能很好地得到落实，从而大大降低了绩效管理的作用。

2. 认为绩效管理就是绩效考核

很多房企管理者认为，绩效管理就是绩效考核，所以常把很多心思放在绩效考核的各种方法的应用上，比如，如何让绩效考核更加量化，如何让绩效考核更加全面。其实，绩效考核做得再好，也不能做好绩效管理工作，因为绩效考核只是绩效管理中的一个环节，这样解决问题时只看到了问题的部分，没有看到它的全部。

3. 绩效管理更多的是负激励，不是正激励

在绩效管理中，很多房企的管理者采用的是负激励方法，不是正激励，结果很多中高层认为搞绩效管理就是变相地扣员工的工资，导致很多员工都不支持公司搞绩效管理。

在房企中，得不到大多数人支持的行动是很容易失败的，这是很多房企搞绩效管理失败的主要原因之一。

4. 没有真正搞清楚绩效管理的主要目的

很多房企管理者认为，绩效管理的主要目的就是少发奖金，就是为了处罚员工，让员工有压力，让员工更听话。其实，这并不是绩效管理的主要目的，绩效管理最主要的目的是提高员工绩效，提高部门绩效，提高房企绩效。

5. 没有考虑到企业中绝大多数人的利益

在一个房企中有代表不同利益的各个阶层，有大股东、小股东、高层管理者、中层管理者、基层管理者、研发人员、市场人员、生产人员、品质人员、事务性人员等，这些不同的人员代表了不同的利益。如果房企在推行绩效管理工作时没有考虑到他们的不同观点、意见，就很容易失败。

要想顺利地成功地推行绩效管理工作，就要团结一切可以团结的力量，使绝大多数人能够理解、支持绩效管理工作，这样就会大大增加绩效管理工作成功的机会，就能够让更多的人为了公司整体的绩效而愿意推行绩效管理，而不会把推行绩效管理工作当作是一个额外的不讨好的工作。

6. 没有看到绩效管理的实质

很多房企管理者在轰轰烈烈地开展绩效管理时只看到它的表象，没

有看到它的实质，这样是不可能做好绩效管理工作的。

绩效管理的实质不在于采用什么样的形式来开展绩效管理，不在于采用什么的方法、工具，绩效管理的方法有很多种，先进的不一定就是好用的，关键在于要采用适用于本房企的实际情况的形式和方法，很好地解决房企的问题，提高房企的整体绩效，通过提高房企绩效让更多人得到实惠，这样才能促进大家做好绩效管理工作。

7. 不重视绩效的改进

当通过推行绩效管理发现了很多问题后，很多房企管理者却不重视绩效改进，没有将绩效考核发现的重要问题放入下一个考核周期的绩效计划中，使这些重要问题没有在下一个考核周期内得到应有的重视和很好的解决，使得这些问题很可能又出现在下一个考核周期中，因而使绩效没有得到很好的改善。

8. 不重视绩效辅导

很多房企管理者在推行绩效管理工作时不重视绩效辅导，甚至不知道要进行绩效辅导，甚至很多绩效管理的教科书中都没有绩效辅导这个极其重要的环节。

面对中国房企的现状，很多员工、管理者没有达到很高的水平，没有做到上级领导只下个命令就能把事情做好的程度。很多房企忽视了这个重要的现实和问题：员工不具备做好工作的能力，而各级管理者又没有进行层层辅导，使很多工作没有得到很好地执行。

其实，有时并不是员工不想做好工作，可能是因为他们的能力暂时达不到。再加上中国房企的内部环境本身存在很多问题，就更增加了完成工作任务的难度。

第二节　打造高绩效团队的十大机制

⊙ 用对人，出效益

准确的自身角色定位是团队建设的重要砝码。事实上，一个房企、一个部门想要共同创造出优良绩效，首先要明确工作的流程和基本的工具，对每个个体作出准确的定位。

导致绩效不佳的最终原因，在很大程度上是由于成员对自身在组织中的定位缺乏认识，以至于定位不准、不足、不对，最终没能发挥成员们应有的作用，没能各自尽到应尽的职责，起到了不够积极的作用。所以，进行现实工作中的角色定位，一定要让团队成员更为清醒地认识自己，这样不仅有利于发展、培养、锻炼自己的所长，更能充分提高团队的综合实力。

俗话说："尺有所短，寸有所长。"如果团队中全部都是将军，谁来打仗？反过来，如果全部都是士兵，谁来指挥？因此，要在团队中进行角色定位，认定"我是谁"，"我"扮演和充当一个什么样的角色，我要做什么，要怎样做才能做好，在其职，做其事，尽其责。团队中要真正做到每位成员职责清晰，分工明确，资源共享，没有壁垒，从而使团队实现高效，在这里我介绍一下自己的经验：

1. 团队中的角色安排要清晰

在团队中，成员一旦出现角色模糊、角色超载、角色冲突、角色错位、角色缺位等现象，会使成员之间角色不清、互相推诿，最终会降低团队效率。只有清晰的角色定位与分工才能使团队迈向高效。

2. 明确团队成员职责

团队效率是与团队成员的职责状况直接相关的，要使团队有效率，条件之一是团队成员明白并接受各自的职责。职责不明、职责混乱，最终势必降低团队效率。所以，任何团队要想达到高效，都必须做到职责权限和工作范围明确。

3. 角色职责安排要以人为本

对房企管理者来说，团队成员角色职责制定要坚持以人为本的原则，就是要关注成员具备的素质和能力，根据每个成员的能力、特点和水平，把他们放到最适合他们的角色岗位上，给他们提供施展才华的平台，最终使团队角色职责安排有利于团队成员发挥其专长并有利于其个人的成长。

给成员安排有利于其成长发展的角色职责，为成员的专长尽力提供舞台，不仅能极大地提高团队成员的主动性和积极性，而且有利于团队产生出最高的效益。

4. 一个都不能少

团队中的每一位成员都是非常重要的，"一个都不能少"。因此，房企管理者在团队角色职责制定时，要恪守每一位团队成员都同等重要这样一种理念，才不至于在进行角色职责制定时只强调这个成员而忽视那个成员的作用，才能全面充分地调动和发挥团队全体成员的才能、特长，进而成就高效的团队。

5. 角色职责制定要立足现实

角色职责制定要立足现实，确保每个团队成员理解团队对他们的期望值。

立足现实、清楚期望值，就是对团队成员要有一个全方位的认知，要分析团队成员各自的性格特征、能力、体力和环境等具体条件，并要了解和把握好团队成员的期望值，进而根据这些认识去安排他们的角色职责。从而使他们的角色安排适当，充分调动他们的积极性，为提高团队效率贡献力量。

6. 将团队的表现作为最高表现

对房企管理者来说，在设定团队角色职责时，要将团队的表现作为最高的表现，而不是强调个人英雄主义。

7. 进行上下级职务双向互动

进行上下级职务双向互动描述。对上级而言，更能以高屋建瓴之势俯瞰下属的职责是否均衡覆盖本团队的所有流程和作业、组织分工、统筹安排。优化的组织结构和岗位设置既可以防止人浮于事，又能保证合理分工。

8. 沟通的方式多样、灵活

口头沟通使人有亲切感，但严肃或正式的沟通是以书面形式来进行的。要通过书面的形式让员工了解自己当期授权的范围、自己的权利和责任，杜绝口头授权容易产生信息失真的弊端。

9. 使用角色定位工具

角色定位的工具分为团队角色分析工具和团队成员主观因素测试工具。同时，在团队角色分类前，利用角色测试表作必要的测试有利于角色分工的顺利进行。

10. 分清主次，抓住重点

面对角色定位的复杂过程和烦琐工具，要抓住角色定位流程的要点。抓住关键，能够有效地、迅速地把握过程，实现准确合理的定位。

⊙ **多检查，出效益**

对中高层来说，房企的绩效管理离不开检查，忽视检查的作用，很容易出现问题。

2014年4月19日，新华社杭州新媒体专电：

位于慈溪市坎墩街道的"橡树湾小区"建成于2011年，当年在慈溪堪称"天价"——2010年，慈溪市的商品房（资料、团购、论坛）价格一般为每平方米7000元至1.3万元不等，而橡树湾毛坯房每平方米均价为1.8万元，最高甚至达到2.4万元。

然而，这座号称"法式宫廷大宅"的豪华小区却在建筑质量上纠纷不断：客厅的水泥地面上暴露着多根建筑钢筋；建筑楼板内藏有多种碎石、塑料袋等建筑垃圾。

房屋准备装修的时候，17号楼501楼顶上突然破了一个大洞，从501室可以直接看到601室的天花板。

近年来，建筑质量问题一度饱受公众诟病，"楼歪歪""楼脆脆""楼倒倒""楼靠靠"事件频发，而自2014年9月住建部启动为期两年的"工程质量治理行动"以来，包括中国建筑、中国中铁、中煤建设等在内的多家央企和地方国企悉数上榜住建部和各地住建厅的"黑名单"，更让人不禁疑问，央企建筑质量尚且如此，谁能还公众一套"放心楼房"，谁来保障公众"居有所安"？

⊙ 降成本，出效益

随着全国建筑承包市场竞争愈演愈激烈，地产行业进入了微利时代。因此，要想立足于房产建筑行业，关键在于如何把成本降低到最满意的地步。

降低工程成本关键在于搞好事前计划，事中控制，事后分析！

1. 事前计划准备

在项目开工前，中层项目经理部应做好前期准备工作，选定先进的施工方案，选好合理的材料商和供应商，制定每期的项目成本计划，做到心中有数具体步骤如下：

一是制定先进可行的施工方案，拟定技术员组织措施。施工方案主要包括四个内容：施工方法的确定、施工机具的选择、施工顺序的安排和流水施工的组织。施工方案的不同，工期就会不同，所需机具也不同。因此，施工方案的优化选择是施工房企降低工程成本的主要途径。制定施工方案要以合同工期和上级要求为依据，联系项目的规模、性质、复杂程度、现场等因素综合考虑；可以同时制订几个施工方案，互相比较，从中优选最合理、最经济的一个；同时拟定经济可行的技术组织措施计划，列入施工组织设计之中。为保证技术组织措施计划的落实并取得预期效果，工程技术人员、材料员、现场管理者应明确分工，形成落实技术组织措施的一条龙。

二是组织签订合理的分包合同与材料合同。分包合同及材料合同应通过公开招标投标的方式，由公司经理组织经营、工程、材料和财务部门有关人员与项目经理一道，同分包商就合同价格和合同条款进行协商讨论，经过双方反复磋商，最后由公司经理签订正式分包合同和材料合同。招标投标工作应本着公平公正的原则进行，招标书要求密封，评标工作由招标领导小组全体成员参加，不搞一人说了算，并且必须有层层审批手续。同时，还应建立分包商和材料商的档案，以选择最合理的分包商与材料商，从而达到控制支出的目的。

三是做好项目成本计划。成本计划是项目实施之前所做的成本管理准备活动，是项目管理系统运行的基础和先决条件，是根据内部承包合同确定的目标成本。房企管理者应根据施工组织设计和生产要素的配置等情况，按施工进度计划，确定每个项目月、季成本计划和项目总成本计划，计算出保本点和目标利润，作为控制施工过程生产成本的依据，使项目部人员及施工人员无论在工程进行到何种进度，都能事前清楚知道自己的目标成本，以便采取相应手段控制成本。

2. 事中实施控制

在项目施工过程中，按照所选的技术方案，严格按照成本计划进行实施和控制，包括对生产资料费的控制，人工消耗的控制和现场管理费用等内容。

一是降低材料成本，包括两方面内容：第一，推行三级收料及限额领料。在工程建设中，材料成本占整个工程成本的比重最大，一般可达70%左右，而且有较大的节约潜力，往往在其他成本出现亏损时，要靠材料成本的节约来弥补。因此，材料成本的节约，也是降低工程成本的关键。对施工主要材料实行限额发料，按理论用量加合理损耗的办法与施工作业队结算，节约时给予奖励，超出时由施工作业队自行承担，从施工作业队结算金额中扣除，这样施工作业队将会更合理的使用材料，减少了浪费损失。

第二，组织材料合理进出场。一个项目往往有上百种材料，所以合理安排材料进出场的时间特别重要。首先，应当根据定额和施工进度编制材料计划，并确定好材料的进出场时间。因为如果进场太早，就会早付款给材料商，增加公司贷款利息，还可能增加二次搬运费，有些易受潮的材料更可能堆放太久导致不能使用，需重新订货，增加成本；若材料进场太晚，不但影响进度，还可能造成误期罚款或增加赶工费。其次，应把好材料领用关和投料关，降低材料损耗率。材料的损耗由于品种、数量、铺设的位置不同，其损耗也不一样。为了降低损耗，项目经理应组织工程师和造价工程师，根据现场实际情况与分包商确定一个合理损耗率，让每一个分包商或施工人员在材料用量上都与其经济利益挂钩，降低整个工程的材料成本。

二是节约现场管理费。施工项目现场管理费包括临时设施费和现场经费两项内容，此两项费用的收益是根据项目施工任务的大水而核定的。但是，它的支出却并不与项目工程量的大小成正比变化，它的支出主要由项目部自己来支配。建筑工程生产工期长，少则几个月，多者三五年，其临时设施的支出是一个不小的数字，一般来说应本着经济适用的原则布置，同时应该是易于拆迁的临时建筑，最好是可以周转使用的成品或半成品。对于现场经费的管理，应抓好如下工作：其一，人员的精简。其二，工程程序及工程质量的管理。一项工程，在具体实施中往往受时间、条件的限制而不能按期顺利进行，这就要求合理调度，循序渐进。其三，建立QC小组，促进管理水平不断提高，减少管理费用支出。

3. 事后分析总结

事后分析不是马后炮，而是下一个循环周期——事前科学预测的开始，是成本控制工作的继续。在坚持每月每季度综合分析的基础上，中层项目经理采取回头看的方法，及时检查、分析、修正、补充，以达到控制成本和提高效益的目标。

重点一是考核。根据项目部制定的考核制度，对成本管理责任部室、相关部室、责任人员、相关人员及施工作业队进行考核，考核的重点是完成工作量、材料、人工费及机械使用费四大指标，根据考核结果决定奖罚和任免，体现奖优罚劣的原则。

重点二是成本结算。工程完工后，项目经理部将转向新的项目，应组织有关人员及时清理现场的剩余材料和机械，辞退不需要的人员，支付应付的费用，以防止工程竣工后继续发生包括管理费在内的各种费用。同时，由于参加施工人员的调离，各种成本资料容易丢失，因此，应根据施工过程中的成本核算情况做好竣工总成本的结算，并根据其结果，评价项目的成本管理工作，总结其得与失，及时对项目经理及有关人员进行奖罚。

⊙ 优化流程出效益

很多房地产开发企业的开发结果经常是"摸着石头过河"得出来的。之所以会出现在这种状况，主要是因为准备时间短、需求不断变化、资源匮乏。可是令人惊讶的是，有时尽管过程比较混乱，但结果却经常还是被达到了……事实证明，这并不是一种以最经济的方式获得的最好的结果。要想解决房地产开发管理中"不惜一切代价去做"的问题，就要想一想流程管理在房地产开发企业管理中的价值。

在房企流程优化设计过程中，首先要对企业流程的现状进行了解。过去，大多数房企是以职能方式进行管理的，没有流程管理的观念。其实，流程就存在于房企的内部，只是管理者没有对运作效率进行专门分析。从设计房企流程到优化房企流程，就要树立流程观念，以流程的方式进行。因此，中高层房企管理者一定要识别和描述房企现有流程，进行分析诊断，找出需要改进的流程。

1. 做好信息收集工作

房企在识别原有流程时，首先要收集大量的关于原有流程的信息。只要收集到准确和详细的信息，流程优化和设计的实施者才能够充分认识企业的原有流程，了解原有流程的现状，发现原有流程中存在的问题，为今后工作的展开奠定良好的基础。

2. 识别与描述房企流程

大多数实施流程改进与设计的房企，在改进实施前，是以职能的形式进行管理的。在进行流程改进与设计前，企业首先要识别现有的流程，并且以一定的方式描述出来，发现流程中存在的问题，进而设计出新的流程或改进原有流程，大幅度提高房企效率。

3. 选择关键流程

通常情况下，一个房企内的流程成百上千，这些流程大致可以分为两种类型：一类是围绕职能线形组织运转的子流程，从单个部门内进行投入，并在这个部门形成产出；一类是跨职能流程，横跨多个职能部门，没有一个人对整个流程负全责。

中高层房企管理者所要选择的关键流程应当是第二类跨职能流程，选择关键流程的一般步骤为：让每位流程改进小组的成员列出一份自己所参与业务流程的清单；将重复的项目剔除掉；将关键流程分解为子流程。

4. 选择需要改进的关键流程

每家房企内部都有很多关键流程，但并不是所有的关键流程都存在问题；而且，企业的资源有限，应当优先选择存在重大问题的关键流程进行改进。绩效表现与重要性矩阵是一个既简单又非常实用的工具，有助于发现最需要改进的流程。

5. 确定需要改进的关键点

在确定了需要改进的关键流程后，就需要对这些流程进行诊断了。每个流程都是由一系列活动组成的，但并不是每一个活动都需要改进。因此，中高层要找出这些流程中导致绩效低下的关键点，然后对造成问题的原因进行分析，从而开始流程的再设计。

确定流程上需要改进的关键点主要有：现有活动的输入输出（信息、成果等）的要求是否明确？现有活动是否考虑了下一环节（或顾客）的需求？现有流程各项活动的顺序是否正确，是否造成流转周期长？现有流程各项活动之间的接口是否明确？现有流程各项活动是否有责任人，责任人是否具备相应的权限？现有流程是否设置了关键控制点，设置是否合理？现有流程的绩效目标设置是否明确及量化？

⊙ 扁平结构出效益

信息化进程的深入发展必然导致房企结构趋向扁平，所以中高层管理者必须全面认识扁平化管理结构，如此才能更好地利用信息技术手段使企业组织结构的扁平化调整获得成功，真正做到"向管理要效益"。

为了适应集团发展战略的需要，大连万达集团股份有限公司对组织结构进行了较大幅度的调整，将原来的三层次结构优化为二层次结构（如下图所示），实现了组织结构的扁平化，提升了组织的运作效率。同时，他们还对集团现有的专业资源进行了整合和系统地梳理，清晰和强化了项目开发和物业经营两类业务的运作流程和资源配置。

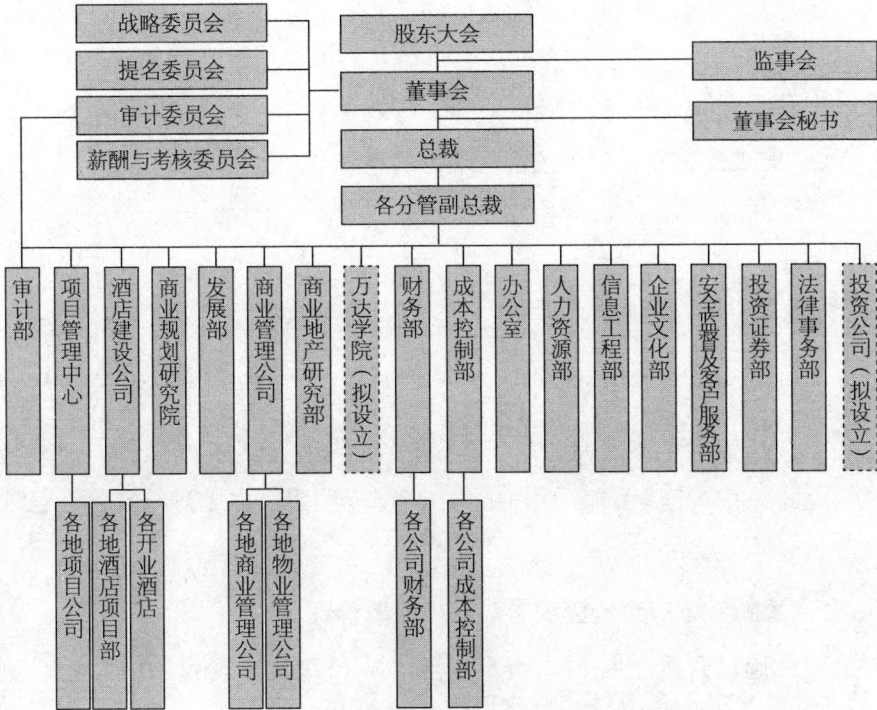

图3　万达集团的二层次组织结构

为了快速地适应市场的变化或预见市场的变化，房企的组织形式正经历重大转变，由原来垂直的职能部门组织架构转变为横向的、以流程为基础的组织架构，实现组织机构扁平化。

扁平化组织就是让员工打破现有的部门界限，绕过原来的中间管理层次，直接面对顾客和向公司总体目标负责，以群体和协作的优势赢得市场主导地位。这种组织结构的管理层较少，同传统的组织结构相比，信息传递速度快、失真少，有利于提高管理效率、组织结构精干高效、管理费用少，便于高层领导和基层人员直接沟通，及时掌握市场和生产经营情况，快速决策；管理幅度较大，有利于下属主动性和首创精神的发挥，有利于管理者才的培养。

扁平化管理的核心是提高房企的竞争效率。为了提高企业效益，房企的中高层管理者可以从这样几方面做起：

1. 突破传统文化和传统管理理论的束缚

"民可使由之，不可使知之"的"上智下愚"的传统文化，造就了金字塔式的森严的等级制度。在这种组织氛围内，上级是不能轻易把权力交给其他人的，即使形式上设立了扁平化组织机构，由于没有充分授权，下级依然会事事请示，根本达不到预期的效果，扁平化组织徒有其表。人们几十年来所奉行的管理幅度理论影响着扁平化管理的有效实施，因此，在实施组织扁平化中，中高层管理者首先要进行文化和管理理论的创新。

2. 重新考虑房企价值观念，推行远景管理

推行远景管理就是，由组织内部的成员制订、经过团队讨论、获得组织一致的共识，形成大家愿意全力以赴的未来目标，结合个人价值观与组织目的，通过开发远景、瞄准远景、落实远景的三部曲，建立团队，迈向组织成功，促使组织力量最大化发挥。

同时，房企中高层管理者要推行价值管理，改变人的态度和行为，依据组织的远景，设定符合远景与房企文化的若干价值信念，并具体落实到员工日常工作上。

3. 重新定位与设计房企组织结构，实施顾客关系管理

对于房地产企业来说，组织的核心是以顾客为中心进行工作上的逻辑组合。中高层管理者应以顾客满意为目标，维持在市场上的竞争力；同时，要导入信息系统，规范房企与顾客来往的一切互动行为信息。

为了有效促进房企与顾客的关系，要针对所有顾客进行分层化和差异化服务；同时，建立有效的管理信息系统。除此外，还要在加强营销管理和销售管理的同时提高顾客的满意度，抓住主要顾客的需要，大力开发潜在顾客市场，提供查询平台并根据记录，随时回应顾客的问题，及时改善服务流程，加快进度。

4. 推行团队工作方式，团队与部门的替代或互补

团队是扁平化组织的基础，其实扁平化组织是一个知识体系，其竞争优势的建立主要在于如何通过对组织所拥有的知识、信息进行整合、创造和管理，更直接地面向市场、面向用户。为了支持这种知识、信息的整合、创造和管理，扁平化组织内部不能以职能为单位，应该形成一个完整、统一的知识团队，将个体和组织结合起来。

扁平化组织的运作核心是通过这种团队式管理，不断释放整体知识能量，实现房企价值创造空间的创新和拓展。为了提高效率，在扁平化管理下，就要建立以团队为单位的组织结构，进行决策和解决实际问题。

团队的形式一般有：部门内的团队、跨部门团队、特殊任务设计的团队、质量改进团队、成本控制团队、服务创新团队等。要想建立一支高绩效的团队，中高层管理者就要让具备特定的目标具有高度的弹性，既要保证团队任务的实现，又要用适当的领导方式，追求最佳绩效，建立团队文化，充分运用肯定与欣赏的积极态度进行士气的激励，培养有强烈的向心力的团队精神。

5. 建立学习型组织，提高人员素质

在扁平化组织中，人力资源是组织的第一资源，而人力资源的本质就是凝聚在人身上的知识、信息、技能等。在扁平化组织中，中高层会

充分授权、分权，加大管理幅度，决策中心下移，因此对人力资源的要求是非常高的，每个人都是各自领域的专家，知识员工是房企的主要载体。因此，要对员工进行专业化的教育、培训，并强调终身学习。

⊙ 设计好薪酬福利出效益

要想提高企业的效益，需要提高员工的积极性；要想提高员工的积极性，必要的薪酬福利都是不可或缺的，因此，中高层一定要设计好薪酬福利体制：

××公司是一家国内的房地产公司，公司成立于2005年，经过几年的发展，在房地产开发上也取得了不错的成果。目前有员工100余人，在全国有十个办事处，随着销售额的不断上升和人员规模的不断扩大，管理层逐渐提高了整体管理水平。

公司在人力资源管理方面起步较晚，原有的基础比较薄弱，还没有形成科学的体系，尤其是薪酬福利方面的问题比较突出。过去人员较少时，单凭领导一双眼、一支笔倒还可以分清楚给谁多少工资；可是，随着人员的逐渐激增，只靠过去的老办法显然不灵。

这种情况对于房企的生存和发展极为不利，而且会对企业的稳定带来不利的影响。面对这种情况，公司的人力资源部门便对企业的薪酬体系进行了重新设计。

房企薪酬管理制度的制定应满足员工的需求，绩效考核的实施应能约束员工的行为，提高员工的工作效率。让薪酬和绩效相结合，更能调动员工的能动性，充分实现多劳多得的思想。

那么，中高层管理者如何将薪酬管理和绩效考核结合在一起呢？

1. 量化考核指标宣传激励价值

在实施薪酬制度中要规定两个量化考核：人员上岗考核和薪酬兑现考核。

人员上岗考核是指通过岗前考核，严把人员上岗关，凡是不具备条件、不符合岗位要求的人员，一律不得上岗，从整体上保证公司员工的高素质。

薪酬兑现考核是通过薪酬兑现前的考核，对经营者、管理者的工作表现、工作业绩进行一个全面的测评，完成公司规定的任务或目标者，全额兑现薪酬标准并适当给予奖励；没有完成任务或目标者，部分或者不兑现薪酬标准。

2. 打破职级体现合理薪酬绩效

绩效工资是对员工完成业务目标而进行的奖励，薪酬必须与员工为企业所创造的经济价值联系起来。绩效工资可以是短期性的，如销售奖金、项目浮动奖金、年度奖励，也可以是长期性的，如股份期权等。此部分薪酬的确定要与公司的绩效评估制度密切相关。

综合起来说，确定职位工资需要对职位做评估；确定技能工资需要对人员资历做评估；确定绩效工资需要对工作表现做评估；确定公司的整体薪酬水平需要对公司的盈利能力、支付能力做出评估。

每一种评估都需要一套程序和办法，所以薪酬体系设计是一个系统工程。不论企业的工资结构设计得怎样完美，总会有少数人的工资低于最低限或高于最高限，为了解决这个问题，可以在年度薪酬调整时进行纠偏，比如，对前者加大提薪比例，对后者少调甚至不调等。

3. 对内有公平性，对外有竞争力

建立一套"对内具有公平性，对外具有竞争力"的薪酬体系，是目前很多房地产公司中人事经理和总经理的当务之急。薪酬是刚性的，降薪几乎不可能，一旦房企的市场前景不妙，将会使房企的留人措施变得困难。

对房企而言，薪酬领域的领头羊未必是品牌最响的公司，因为品牌响的公司可以依靠其综合优势，不必花费最高的工资也可能找到最好的人才。很多时候，那些财大气粗的后起之秀最易采用高薪策略。它们多处在创业初期或快速上升期，投资者愿意用金钱买时间，希望挖到一流人才，快速拉近与巨头公司的差距。只有采用相同的标准进行职位评估，并各自提供真实的薪酬数据，才能保证薪酬的准确性、公平性和竞争力。

4. 打破传统强化"宽带"效应

传统薪酬结构及其所带来的大量弊端主要有：岗位等级较多，员工将注意力集中在调整级别工资上，而非注重自身技能和所做绩效的提高上；级差小，激励作用不大，高级别岗位的薪酬与基层岗位的薪酬拉不开差距；每个岗位级别上只有一个工资点，没有浮动范围。绩优者无论工作业绩多么突出，都只能与绩劣者同"忍"一样的回报；不管员工工作多少年、绩效多优，如果无法获得岗位级别的晋升，工资求不变，十分不利于员工的工作表现和技能的培养。

许多房企已逐渐打破了传统强调"宽带薪酬"：价值、绩效概念和薪酬；岗位讲价值、工作讲绩效，上岗讲竞争；员工只要工作能力、工作绩效有所提升，就能够获得更高的薪酬激励。宽带薪酬所解决的不仅是"工资"问题，也是一个系统问题和房企激励体系问题。

⊙ **管理好绩效出效益**

如今，员工的绩效管理工作受到越来越多的房地产公司的重视，然而很多房企在实施绩效管理的过程中，由于某些先天的缺陷，由于对绩效管理的理解，由于操作者的经验和专业性问题，使绩效管理的实际作用并不明显，很多房企管理者对此讳莫如深。

1. 绩效考核失败的四大原因

在房地产企业，绩效考核失败的原因主要有这样几个：

一是绩效管理的组织。房企一般要求所有的绩效考核结果要书面记录，但是在绩效考核过程中执行者难免有情绪上的主观臆断，一旦形诸笔墨便会成为长久记录，对员工产生深远的影响。因此，有些房企管理者经常会采取回避态度，不敢轻易触及。其次，有些房企经常会将员工的绩效考核结果作多方面用途。可是，一项考核事件的曝光频率越高，管理者所承受的压力也越大，困扰也就越多。基于这些顾虑，很多中高层管理者不愿真正实施绩效考核。

二是绩效管理实施者。由于中庸哲学的积淀深厚，大多数房企管理者不愿扮"黑脸"做反面评价，只要有"头痛人物"，便会设法延缓绩效评估工作，幻想问题会自行消失。可是，对员工来说，这无疑是一种误导。有些主管还顾虑另一问题：对绩效考核结果差的员工会造成负面效果，打击员工的工作信心和团队士气。在不情愿的心态下，管理者所做的绩效考核必定含混不清，无法对员工形成正面、有效的引导作用。

三是员工方面。房企中高层管理者的偏见或无意造成的小差错，都足以给绩效考核带来不小的失误，也会让接受绩效考核的员工成为牺牲品。很多员工认为企业的绩效考核过程不周密，自己最好的一面往往难有机会呈现给管理者。他们常认为，所谓的"普通""差强人意""合乎标准"等评语只不过是房企管理者令人泄气的应付罢了。

四是绩效考核本身存在的问题。很多房企的绩效考核标准的设定与评价方式不明确、考核实施的流程不当、考核的信度与效度不明显、绩效考核结果没有和员工的绩效改进相结合、企业其他管理系统缺乏对绩效考核系统的支持等，都是造成房企绩效考核失败的原因。管理者自以为找到了一个有效的管理"武器"，可是由于在操作过程中走了样，结果让绩效考核走过场、流于形式，最后管理者不想考，员工不愿被考，人力资源管理者也没兴趣组织考。

2. 避免绩效管理失败的方法

对于房地产企业来说，实施绩效管理不是一蹴而就的，必须建立一套有效的绩效管理体系。因此，坚持全面的、系统的与辩证的观念，切实把绩效管理落到实处，是开展绩效管理工作的基点。

一是让正确的绩效管理理念深入员工，消除和澄清对绩效管理的错误认识。绩效管理不是管理者对员工挥舞的"大棒"，不应成为无原则"和稀泥"。绩效考核的目的不是制造员工间的差距，而是实事求是地发现员工工作的长处和短处，让员工及时改进、提高。绩效考核要以尊重员工的价值创造为主旨。绩效管理虽然是按企业行政职能结构形成的一种纵向延伸的管理体系，但也应是一种员工和管理者双向的交互过程，这一过程包含了考核者与被考核者的深层次沟通。通过沟通，考核者能把工作要项、目标和工作价值观传递给被考核者，双方达成共识与承诺；借助纵向延伸的绩效管理体系，在公司中形成价值创造的传导和放大机制。绩效管理是手段，不是目的。如果企业的绩效管理不能激发员工成长、促进企业的发展，绩效管理也就成了形同虚设的"形式"。

管理者如果只想运用绩效考核来控制员工，结果更可想而知。因此，管理者要提升担当绩效考核工作的现代意识、素质和能力，使自己在所有管理活动中发挥牵引作用。

二是进行工作分析，制订切实可行的考核标准。为了确保形成一套科学有效的考核标准，进行有效的工作分析，确认每个员工的绩效考核指标就成为确立考核标准的必须环节。房企管理者应通过调查问卷、访谈等方式，加强与员工之间的沟通与理解，为每位员工做出工作职位说明书，让员工对自己工作的流程与职责有十分明确的了解，使员工从心理上进入接受考核的状态。不同的岗位、不同的职责要求对应不同的工作职位说明书，绩效考核的指标也有所不同。在对绩效考核指标的把握上宜精不宜多，要抓住关键绩效指标；宜明确不宜模糊，缺什么考什么；宜敏感不宜迟钝，尽量有效量化。

三是让绩效管理体系成为房企价值创造与价值分配体系的中介。房企管理的关键是，在管理过程中形成管理回路，形成企业成长的正向反馈机制，这也是比尔·盖茨所描述的房企成长机制。要想让绩效评价作用的有效性真正在房企的价值创造中发挥牵引和激励作用，必须发挥好企业价值分配的杠杆作用，这是一个根本性的问题。价值分配不仅包括物质利益的分配，也包括挑战性工作岗位的分配、职位的晋升等。从现有的物质分配来看，主要有工资、奖金、福利津贴和远期收入。在工资方面，要使员工的个人工作能力、绩效在工资的组成结构中占有合理的位置，并成为个人工资提高的主要因素。当然，更重要的是要加强工作本身对员工的激励作用，不断创造有挑战性的工作岗位，给员工提供更大的职业生涯发展空间。同时，对优秀的管理者和研发人员，给予股票或股票期权，使之成为他们的"金手铐"。其中，绩效考评价要真正成为房企组织内部成员间价值分配的客观、合理依据。

四是形成有效的人力资源管理机制。绩效管理工作是房企人力资源开发与管理的一个重要方面，其顺利进行离不开企业整体人力资源开发与管理架构的建立和机制的完善，同时绩效管理也要成为公司房企文化建设的价值导向。房企管理者必须以整体战略眼光来构筑整个人力资源管理体系，让绩效管理与人力资源管理的其他环节相互联结、相互促进。

⊙ 发好奖金出效益

绩效奖金也称一次性奖金，绩效工资的实质是"岗位价值押金"，是根据员工的绩效考核结果给与的一次性奖励，即在人岗不完全匹配的情况下，将员工对应的岗位薪资水平分拆成两部分：一部分固定发放，一部分则根据绩效调整发放。

年度绩效考核是每家房企的大事，年度综合考核是管理的必要手段，年度业绩考核是房企经营控制的重点依靠。不同房企的绩效管理，目的不同、管理水平不同、信息化水平不同，往往采用的工具和方式都不同。可是，无论何种形式的绩效管理，都要建立良好的内部环境。绩效管理是目标管理的一种，前面所述的PDCA循环仍然是绩效管理的核心思想。

对于大多数房企来讲，在年底进行绩效考核与奖金发放的实践中应注意以下四点：

1. 为绩效管理创造良好的环境

无论何种形式的绩效管理方式，都是通过人来实施的。实施人的心态不同，产生的结果可能就不同。所谓的创造良好的环境，主要是要让员工对绩效管理形成正确的认识，让考核者认识到绩效管理时管理工作者的重要工作；让人力资源部门认识到，自己只是考核工作的组织者，各级部门主管才是考核的主体。

2. 平衡计分卡的思想

如今，平衡计分卡的思想已经成为了当今房企绩效管理的主要支柱。管理者在设计绩效指标体系的时候，完全可以运用战略图。可是，在设置计分卡时，要根据你的管理水平、信息化水平、房企规模来确定如何做减法。

绩效指标的设计不是指标越多越好，而是抓住重点，越少越好。

3. 考核结果不必强制分布

考核结果的强制分布不是必需的，排序法也是适合中国房企的实际需要的一种选择。实践中，房企可采用排序法来代替公布结果。不管企业再优秀，群体内的员工多优秀，总是可以以一定方式排序的，只是大家的差距比较小。

4. 绩效奖建议分期兑现，年终兑现比例应较大

很多房企在实践中喜欢把绩效奖分成几份分期兑现，原因在于：一方面可以避免员工为达成业绩目标而进行短期的行为；另一方面可以有效避免部分有离职倾向的员工拿到绩效奖就辞职离开，成为房企留住员工的手段。其实，我们完全可以把绩效奖分期兑现，以此来实现多次激励，远比单次激励效果更好。

⊙ **真情关爱出效益**

人心都是肉长的，如果管理者能够给员工多一些关爱，他们也会用实际行动来回报企业。

一天，索尼公司的经理井深太偶然听到一位员工说，他的孩子上学用的书包是向亲戚借来的。这件事让井深太很有感触，公司竟然让自己的员工连为自己的孩子买书包的能力都没有。于是，井深太便让助理对职员的生活状况进行了一番调查，弄清到底有多少员工的孩子在上学。之后，井深太亲自到商场批发来一批书包，赠送给了家中有孩子上学的员工。

井深太的这一举动不仅让那些被赠送了书包的员工激动不已，就是那些没有被赠送书包的员工也很感动。因为这说明公司没有对员工的困难熟视无睹，当他们有困难时，公司也照样会给予帮助的；而且，他们自己的孩子到了上学年龄，同样能够收到公司赠送的书包。

井深太看到了赠送书包这个举动所诱发出的员工对公司的感激与忠心，为了增加员工对公司的感情，井深太每年都会邀请员工家属来公司参观，并亲自把书包送到即将入学的孩子手中。就这样，邀请员工家属到公司参观与赠送书包的做法作为惯例，被索尼公司保留了下来。

管理者不仅要管理好员工，更要"经营"好员工，时时为员工补充"关爱"这种营养，使其与建行事业同呼吸共成长。

公司对员工的关心不仅体现在对员工个人的关心上，还可以体现在对员工家属的关心上。其实，关心员工的亲人就是在关心员工，并且关心员工亲人的效果会比仅仅关心员工自己更好。那么，中高层管理者如何来关爱员工呢？可以从以下几个方面着手：

1. 改善工作环境

健康、优雅、舒适的工作环境，会激发员工对生活的热爱，提高工作意愿，改善工作绩效，激发员工的自豪感。工作环境舒适，武器装备精良，员工自然会安心、舒心、顺心地投入工作，创造出更大的绩效。

2. 促进员工吸收营养

萝卜青菜，各有所爱，员工对"精神食粮"有自己的口味。管理层要像"厨师"一样关注员工的"口味"，深入了解不同层面员工的学习培训需求，细心规划培训的内容、形式，避免"填鸭式"的被动授予。只有符合员工口味的培训，才能使员工"开胃"，促进"消化"，汲取"营养"，焕发活力。

3. 帮助员工设计职业生涯

很多员工企业工作时间长达十几年、几十年，可还是"原地踏步"，之所以会出现这种状况，在一定程度上与其职业生涯规划有关。

职业生涯设计和规划是员工成长中的"催化剂"，要想经营好员工，不仅要根据员工个人能力、职业素养、性格爱好等将合适的员工安排到合适的岗位上，还要主动鼓励并帮助员工进行职业生涯设计和规划，为员工开辟更加宽阔的上升通道和发展途径。

只有让每一位员工都看到自己成长的方向和成长的空间，鼓励员工将其职业生涯与企业的发展目标结合起来，才能使员工有明确的奋斗目标，迸发工作动力。

4. 关注员工的心理压力

随着公司业务品种的不断增多，各项事业的快速发展，员工每天都在快节奏地投入紧张的工作，面临着目标任务压力、操作风险压力、技能提升压力和生活上的种种压力。

中高管理层要关心员工的"心理环境"，重视员工的压力管理，把广大员工的冷暖甘苦挂在心上；同时，要在优化业务流程、减少操作环节、减轻员工负担上多做文章，在帮助员工解决生活中的困难上多下工夫，在调整员工心态方面多花心思。

⊙ 运用好激励机制出效益

研究发现，在缺少科学有效的激励情况下，人的潜能只能发挥出全部的20%至30%，而在科学的有效的激励机制能够让员工把剩下的70%至80%的潜能发挥出来，所以房企管理者能否建立完善的薪酬激励机制，会直接影响企业的生存与发展。

随着我国经济的不断完善发展，房地产企业的市场竞争态势将更加的激烈。当前世界"以人为本"的经营理念已经在我国开始蔓延，并且迅速被行业界广泛接受，并推至空前的高度。

在2012年年底，碧桂园曾推出过名为"成就共享"的激励计划：

区域和项目公司在获取地块时候，要根据目标利润率、销售额等数据倒推意向地块的投资金额，能做到才竞拍，否则放弃；项目经营管理者将根据项目资金回笼速度和所创造的净利润获得奖励，净利润越高，资金回笼越快，能分到的奖励就越高。

除现金奖励部分外，获奖项目还可以获得股权激励，这部分奖励将直接作为碧桂园集团购股权计划下员工行使购股权需支付的行权对价。

这个计划为碧桂园近两年的规模扩张提供了强劲的动力。

薪酬的激励也是薪酬管理的一种方式，它是以激励员工为目的，设计一套薪酬管理制度去激励员工。薪酬管理的出发点与落脚点是在于激励，房企中高层管理者要运用一定的方式手段、一定数额的薪酬满足员工的某些需求。事实证明，员工对这种手段的认知度越高，需求越强，薪酬的激励作用就越强。